歇后语

快速记忆法

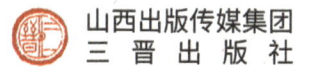

朱传月 / 著

山西出版传媒集团
三晋出版社

图书在版编目 (CIP) 数据

歇后语快速记忆法 / 朱传月著 . -- 太原 : 三晋出版社 , 2025.1. --ISBN 978-7-5457-3201-6

I. H136.31-49

中国国家版本馆 CIP 数据核字第 2025J6V603 号

歇后语快速记忆法

著　　者：	朱传月
责任编辑：	张路

出 版 者：	山西出版传媒集团·三晋出版社
地　　址：	太原市建设南路 21 号
电　　话：	0351-4956036（总编室）
	0351-4922203（印制部）

经 销 者：	新华书店
承 印 者：	广东虎彩云印刷有限公司

开　　本：	720mm×1020mm 1/16
印　　张：	23
字　　数：	225 千字
版　　次：	2025 年 3 月第 1 版
印　　次：	2025 年 3 月第 1 次印刷
书　　号：	ISBN 978-7-5457-3201-6
定　　价：	99.90 元

如有印装质量问题，请与本社发行部联系　　电话：0351-4922268

朱传月《歇后语快速记忆法》推荐序

如果你想变得有趣，特别是说话更有吸引力。那么，这本书就像"瞌睡送枕头——正是时候"。但在迫不及待阅读之前，先听我说说和作者的故事。

第一次听到朱传月大哥的声音，是通过微信电话，说要和我一起在2025年包船去南极。那浓浓的口音，特别亲切！原来他是我湖南老家隔壁县的。更让我为之激动的是，他说要在南极发布这本新书，并成为南极宣传中国文化——歇后语的第一人。

接触得越多，越发现朱传月大哥活成了很多人想成为的样子——有钱有闲有身体。更要命的是，还很幽默。他是一位牙医，开了自己的诊所。让我惊讶的是，他在店里明确打出：每天上午9点至下午1点上班，星期六和星期天不营业。

他这种工作方式和态度，颠覆了我"工作即生活"的认知。原本觉得这种人怎么能做好生意，可人家开了30多年店，从不缺客户，生意好得很。

工作之余，他已经去了世界5大洲，等南极归来，就真的实现无数人心中的梦想——环游世界7大洲。除了"读万卷书、行万里路"，他还热爱写作，光公众号内（康美老朱游世界）原创文章就近500篇，还联合出版了《中国当代笑话》和《金句365》。如今又独立出版《歇后语快速记忆法》，并且还带到南极给企鹅看。

第一次见到朱传月大哥本人，是在"007写作中国行"长沙站活动现场，他真诚且带着一种奇妙的幽默感。那天我们聊得很晚，发现他对歇后语不是一般的喜欢，而是热爱！他发愿说，一定要把咱中国歇后语这种独特的语言艺术传承下去。

翻开这本书，仿佛打开了中华民间智慧的百宝箱——有瞎子背拐子过河的"两全其美"，有儿子看婆媳吵架的"两头为难"，还有乌鸦窝里养凤凰的"空欢喜"，这些诙谐的句子不仅是劳动人民的生活哲思，更是一把解锁汉语魅力的密钥。朱传月大哥十年磨一剑，愣是把3000多条歇后语编成了这本更好记忆的书。

歇后语如此之多，如何更好地记住呢？

这就不得不说作者的智慧，用分门别类的方式来编排，用歌诀的形式来记忆。比如，十二生肖、动物植物、节日气候等，还有衣食住行、吃喝拉撒，无所不包。如果您要学点关于生肖方面的歇后语，直接翻到"十二生肖"，其中作者关于"鼠"的常用歇后语总结成了几句话，其中一句就是"三陪身上睡觉刮猫鼻"，这口诀一念，几个歇后语就全部记忆了。再比如，四大名著中的经典人物，一下子就有了画面感。

更绝的是，他连"屙屎"都能玩出花！"公狗半夜来抓赌"，乍一听像扫黄现场，实则是"公鸡屙屎——头节硬""狗咬屙屎人——忘恩负义"等一串"有味道"的歇后语速记口诀。就连"厕所茅坑"都能单开一章，鬼知道他是怎么想到的。

若你苦于成语古诗的板正，不妨试试歇后语的鲜活。它像"足球比赛——来回踢"，充满互动与机锋；又如"佛面刮金子——无中生有",暗藏反转的惊喜。都说"一招鲜,吃遍天",等你记下这些,以后朋友聚会时,你突然来一句"坐轿闷得慌,骑马嫌摇晃——有福不会享",那不得把大家伙儿都震住了?必定对咱刮目相看。

对了,千万要小心,别读着读着一个人笑出声来。

覃杰（qínjié）

007行动创始人

2025年2月21日于上海

前言

歇后语，生动活泼，变化多端，它集诙谐幽默于一体，反映了中国劳动人民的聪明才智。

小小歇后语，凝聚大智慧。

我"十年磨一剑"，总结出一套快速记忆歇后语的方法。我之所以能记住近3000个歇后语，就是用的这个方法。

先举两个例子，说明一下在歇后语里体现了什么大智慧。

你能举例说明，什么是"两全其美"和"两头为难"吗？

中国劳动人民已经总结了很多有关"两全其美"和"两头为难"的人或事，并用歇后语的形式表现了出来。

表现"两全其美"的有：

瞎子背拐子过河——两全其美。

狼也跑了，羊也保了——两全其美。

光棍娶寡妇——两全其美。

歪脖子拉小提琴——两全其美

表现"两头为难"的有：

儿子看婆媳吵架——两头为难。

宠了媳妇得罪娘——两头为难。

顺了姑来失嫂意——两头为难。

顺了哥来失嫂意——两头为难。

以上都是表现"两全其美"和"两头为难"的歇后语，比较零乱，如何快速将其记住，并不易忘记呢？

我将其总结并编成歌诀来记忆。

"两全其美"可编成：瞎狼光歪脖子——两全其美

"两头为难"可编成：儿宠姑哥——两头为难

"联想是记忆的关键。"

为了快速记忆更多的歇后语，我将歇后语归类，并用歌诀的形式表达出来，通过歌诀来联想记忆歇后语。

生活中表现"空欢喜"的情况有哪些？

以下6个歇后语就给我们总结出来了。

乌鸦窝里养凤凰——空欢喜。

老鼠跳到糠箩里——空欢喜。

麻雀掉到粗糠里——空欢喜。

和尚看花轿——空欢喜。

猴子井底捞月亮——空欢喜。

做梦拾元宝——空欢喜。

虽然很多，如果你按我的方法便能很快全部记下来。

我总结为一句话：乌老麻和猴子做梦拾元宝——空欢喜

"谐音是记忆的窍门。"

我总结的歇后语歌诀中经常会用到谐音，它是记忆歇后语的窍门。

先看下面几个歇后语。

八月十五吃月饼——正是时候。

初一早上放鞭炮——正是时候。

三伏天喝凉茶——正是时候。

雪中送炭——正是时候。

瞌睡送个枕头——正是时候。

以上五个歇后语说出了"正是时候"的五件事情。

为了快速记住这五个歇后语，我总结成如下一句话：八月初三雪瞌睡——正是时候

"雪瞌睡"应该是"歇瞌睡"，通过谐音，可以使毫不相关的信息变得相互关联，变枯燥为有趣。

歇后语由前后两部分组成，我归纳歇后语时，也是根据前后两部分归类整理的。

先看将前半部分归类的歇后语。

关于"屙屎"的歇后语有很多，我总结了下面几个：

公鸡屙屎——头节硬。

狗咬屙屎人——忘恩负义。

半夜起来屙屎——等不得。

屙屎抓紧狗尾草——暗中使劲。

屙屎堵田缺——一举两得。

屙屎吃西瓜——不好开口。

屙屎嗑瓜子——不对味。

屙屎不带纸——想不开。

屙屎落塘撞死鱼——碰巧。

屙屎带放屁——顺便。

屙屎捡银子——碰上的财富。

为了快速记住上面几个歇后语，我总结成一句话：公狗半夜来抓堵（谐音：赌），吃嗑不落带银子

再看归类后部分的歇后语。

袁世凯当皇帝——好景不长。

李自成进北京——好景不长。

七仙女下凡——好景不长。

正月十五放烟花——好景不长。

干河滩里种牡丹——好景不长。

以上五个歇后语道出了"好景不长"的5种情况，为了快速记忆这5个歇后语，我总结成一句话：袁李七正月十五干河滩里种牡丹——好景不长

"工欲善其事，必先利其器。"

我们记忆歇后语也一样，如果有了好的方法，就会借力打力——事半功倍，否则，便会一年辛苦半年粮——事倍功半。

如果你也对歇后语感兴趣，希望我的这套《歇后语快速记忆法》能助你一臂之力。

时间仓促，能力有限，书中肯定有很多纰漏，望大家不吝斧正，谢谢！

歇后语结龙圆环

2016年12月20日,一个叫覃杰的男人发起了"007行动",和一群人相约,"7天1篇写7年,写完7年去南极。"

这是一场写作的马拉松,日复一日,年复一年,7年之约终于要实现了。

2024年3月19日至4月3日去南极的"麦哲伦探索号"邮轮已经订好。

"007行动"首次南极之旅88人,我有幸成为其中的一员。我的南极之行的目标是,成为南极大陆宣传中华文化——歇后语的第一人。

为此,我特别写了一篇《歇后语结龙圆环》,以飨读者。

你去北极我去南极——各走一端。
端午节吃粽子——皆大欢喜。
喜鹊老鸦同枝叫——悲喜交加。
加农炮打兔子——得不偿失。
失群的大雁——孤孤单单。
单身汉分到房——自成一家。
家雀学老鹰——想得高。
高力士进宫——熟门熟路。
路边的苂苂草——看不上眼。
眼睛长在头顶上——光看上,不看下。
下雨天出太阳——假情(晴)。
情人眼里出西施——越看越好。

好女嫁歹汉，驴子吃牡丹——搭配不当。
当和尚不撞钟——白吃。
吃曹操的饭，办刘备的事——吃里扒外。
外贸商品不合格——难出口。
口吞土地庙——满肚子鬼。
鬼门关止步——出生入死。
死了猴子砸了锣——没指望。
望乡台上吹口哨——不知死活。
活鱼放在沙滩——干跳。
跳蚤顶被窝——心有余而力不足。
足球比赛——来回踢。
踢寡妇门，挖绝户坟——净干缺德事。
事后的诸葛亮——人人会做。
做梦游西湖——好景不长。
长白山的大雪——满天飞。
飞机上扔石头——一落千丈。
丈二和尚——摸不着头脑。
脑壳上安电扇——出风头。
头顶上长眼睛——旁若无人。
人家的牡丹敬菩萨——借花献佛。
佛面刮金子——无中生有。
有人喜欢鸡，有人喜欢鸭——各有所爱。
爱叫的鸟——不做窝。

窝里的小鸟——迟早要飞走。

走路拨算盘——手脚不闲。

闲着没事摸锅底——给自己抹黑。

黑瞎子钻灶筒——难过。

过冬的大葱——皮干叶烂心不死。

死人嘴上贴封皮——无话可说。

说书的走江湖——全凭一张嘴。

嘴巴扛在肩上——到处吃人家。

家雀进笼子——有翅难飞。

飞机上装大粪——臭气熏天。

天上落豆渣——该猪吃。

吃了豹子胆——胆子大。

大街上弹琴——听不听随你。

你去北极我去南极——各走一端

作者简介

旧人不知我近况，新人不知我过往。近况说给旧人听，过往还对新人讲。

朱传月（康美老朱），爱生活，爱旅游，也爱写文章。

自己创建微信公众号——康美老朱游世界一年半，现已在公众号上发表原创文章450篇，其中绝大部分是旅游的所见所闻所感。

我在公众号上发表了39篇《三国演义之三十六计》，准备择机出版发行。

我是畅销书《金句365》联合作者，于2024年由台海出版社出版发行。

我还是畅销书《中国当代笑话》联合作者，于1991年由经济日报出版社出版发行。

2025年是我旅游世界七大洲的圆梦之旅，我将在南极半岛发布我的新书——《歇后语快速记忆法》。

我南极之行的目标是，成为南极宣传中华文化——歇后语的第一人。

我的微信号：zhu13875128912
我的公众号：康美老朱游世界

微信扫描二维码
关注我的公众号

目录

归类前半部分的歇后语

十二生肖

鼠 /003　　　　　马 /010

牛 /005　　　　　羊 /012

虎 /006　　　　　猴 /013

兔 /007　　　　　鸡 /014

龙 /008　　　　　狗 /015

蛇 /009　　　　　猪 /017

动物

狐狸 /020　　　　大象 /029

猫 /021　　　　　鸭 /030

熊瞎子 /022　　　鹅 /031

狮子 /023　　　　鸳鸯 /032

麒麟 /024　　　　鹤 /033

驴 /025　　　　　大雁 /034

黄鼠狼 /026　　　喜鹊 /035

狼 /027　　　　　孔雀 /036

长颈鹿 /028　　　麻雀 /037

乌鸦 /038

凤凰 /039

八哥 /040

啄木鸟 /041

燕子 /042

鲤鱼 /043

鳝鱼 /044

金鱼 /045

鲫鱼 /046

王八 /047

乌龟 /048

鳖 /049

壁虎 /050

鳄鱼 /051

青蛙 /052

蛤蟆 /053

癞蛤蟆 /054

虾 /055

螃蟹 /056

蚊子 /057

苍蝇 /058

飞蛾 /059

蝴蝶 /060

蟑螂 /061

螳螂 /062

蚂蚁 /063

黄蜂 /064

马蜂 /065

知了 /066

蟋蟀 /067

蜻蜓 /068

蚂蚱 /069

蜈蚣 /070

蜘蛛 /071

蚯蚓 /072

虱子 /073

蝎子 /074

蜗牛 /075

屎壳郎 /076

中国名花

十大名花 /078

桃茉百玫鸡 /081

天麻雪莲鲜棉绣 /082

稻窝灯草含杂草 /084

花轿花鞋草鞋 /085

食物

稻谷米糠 /089

麦、玉米、高粱 /091

薯芋类食物 /093

鸡蛋和豆类食物 /094

鱼肉类食物 /096

瓜类水果 /098

柑橘类水果 /099

浆果类水果 /100

仁果类水果 /102

核果类水果 /103

瓜类蔬菜 /105

茄果类蔬菜 /107

菌类和豆类蔬菜 /108

根茎类蔬菜 /109

叶菜类蔬菜 /111

奶油 /113

脂类食物 /114

饭、稀饭、米汤、汤圆 /116

豆腐、豆腐干、豆腐脑、豆腐渣 /118

猪头、猪蹄、肥肉、骨头 /119

冰棍、冰棒 /121

饭馆、饭桌、饭碗 /122

叫花子、讨饭、打牙祭 /123

面、面粉、面条、面包 /124

包子、馒头 /126

烧饼、煎饼、饺子 /127　　厨房、锅、灶 /133

吃饭、吃肉、吃药 /128　　厕所、茅房、茅坑 /135

喝水、喝茶、喝酒 /130　　屙屎、屙尿、放屁 /137

打哈欠、打喷嚏、打饱嗝 /131

人物

《三国演义》人物 /142　　神话人物 /157

《水浒传》人物 /147　　　非健康人群 /162

《西游记》人物 /150　　　称谓 /167

《红楼梦》人物 /152　　　职业 /174

历史人物 /154

人体、生活

人体 /179　　　　　附篇（棺材）/190

人体俗称 /184　　　交通工具 /191

日常生活 /187

节日、气候

节日及节日活动 /195　　　天气 /206

四季 /202

归类后半部分的歇后语

两人穷时巧上胡

两 /211　　　　　　　巧 /230

人 /215　　　　　　　上 /234

穷 /222　　　　　　　胡 /238

时 /226

心口不一好难自

心 /246　　　　　　　好 /285

口 /251　　　　　　　难 /290

不 /255　　　　　　　自 /293

一 /276

倒霉得险多白死

倒霉 /299　　　　　　得 /300

危险 /305　　　　　白 /312

多 /309　　　　　　死 /315

大眼装闲有设无

大 /320　　　　　　有 /335

眼 /324　　　　　　没 /338

装 /328　　　　　　无 /342

闲 /332

归类前半部分的歇后语

十二生肖

十二生肖是与十二地支相配的十二种动物，包括鼠、牛、虎、兔、龙、蛇、马、羊、猴、鸡、狗、猪。

每一种生肖都有丰富的传说，并以此形成一种观念阐释系统，成为民间文化中的形象哲学，如婚配上的属相、庙会祈祷、本命年等。

现代，更多人把生肖作为春节的吉祥物，成为娱乐文化活动的象征。

生肖作为悠久的民俗文化符号，历代留下了大量描绘其形象和有象征意义的诗歌、春联、绘画、书画和民间工艺作品。

除中国外，世界多国在春节期间发行生肖邮票，以此来表达对中国新年的祝福。

十二生肖的歇后语是中国传统文化中富有智慧与幽默的一种语言形式，它们以十二种动物为题材，通过生动的比喻和夸张的手法，传达出深刻的道理或社会现象。

十二生肖

■ 鼠

老鼠给猫当三陪——挣钱不要命。
老鼠骑在猫身上——好大的胆子。
老鼠跟猫睡觉——练胆子。
老鼠替猫刮胡子——拼命巴结。
老鼠舔猫鼻——自己找死。
速记：三陪身上睡觉刮猫鼻

猫捉老鼠狗看门——各司其职。
猫捉老鼠鼠打洞——各靠各的本事。
猫给老鼠吊孝——假仁假义。
猫哭老鼠——假慈悲。
小猫捉住死老鼠——不算能耐。
瞎猫碰着死老鼠——难得的好处。
速记：猫捉吊，哭死老鼠

老鼠爬香炉——碰了一鼻子灰。
老鼠进风箱——两头受气。
老鼠跌进米仓里——因祸得福。
老鼠看仓——看得精光。
老鼠咬乌龟——无从下口。
老鼠嗑瓜子——一张巧嘴。
速记：爬进跌进看乌瓜

歇后语快速记忆法

芝麻地里的老鼠——吃香。
油缸里的老鼠——滑透了。
古董店里的老鼠——碰不得。
碗橱里打老鼠——碍手碍脚。
速记：芝麻油，古董碗

老鼠尾巴熬汤——没多大油水。
一枪打死只老鼠——不够本钱。
烧屋赶老鼠——不合算。
背上背个死老鼠——冒充打猎的。
睁着眼睛吃老鼠药——明吃亏。
速记：老鼠一烧背睁眼睛
速记总结：三猫爬进芝麻眼

牛

红头苍蝇叮牛屎——臭味相投。
牛吃青草鸡吃谷——各修各的福。
赶着牛车拉大粪——送死。
老子偷猪儿偷牛——一个更比一个凶。
驴子拉磨牛耕田——各走各的道。
速记：红牛赶老驴

老牛拉破车——慢慢腾腾。
蜗牛赴宴——不速之客。
死牛拉木马——一动不动。
水牛的肚子——草包。
劝牛不吃草——白费口舌。
骑牛看三国——走着瞧。
速记：老蜗死水劝骑牛

牛栏里关猪——靠不住。
牛身上拔根毛——无伤大体。
牛皮鼓，青铜锣——不打不响。
速记：牛栏牛身牛皮鼓
速记总结：红牛老蜗死牛栏

虎

云南老虎蒙古骆驼——素不相识。
骑着老虎看美人——贪色不怕死。
老虎不嫌黄羊瘦——沾荤就行。
躲过野牛碰上虎——一个更比一个凶。
猫被老虎赶上树——多亏留一手。
脱了裤子打老虎——既不要脸，又不要命。
速记：云骑老虎躲猫猫，打老虎

老虎吃豆芽——小菜一碟。
老虎进棺材——吓死人。
老虎打瞌睡——难得的机会。
老虎扮和尚——人面兽心。
老虎逛公园——谁敢拦。
老虎上吊——没人敢救。
速记：吃进打扮逛上吊

老虎头上的苍蝇——拍不得。
老虎身上的虱子——惹不起。
老虎嘴上拔胡子——自己找死。
老虎屁股上抓痒痒——惹祸上身。
地头蛇、母老虎——不是好惹的。
速记：头身嘴屁母老虎
速记总结：云吃头身嘴屁

十二生肖

■ 兔

兔子跟着马儿跑——望尘莫及。
兔子骑老虎——胆大不要命。
兔子咬起狼来了——这还了得。
兔子穿西装——充文明人。
兔子成精——比老虎还厉害。
兔子钻狗洞——过得去。
速记：马虎咬穿成狗洞

小脚女人追兔子——越追越远。
打着兔子跑了马——得不偿失。
草堆里蹦出个兔子——你也算个保镖。
羊群里跑出个小兔子——野种。
不见兔子不撒鹰——做事稳当。
烧香逮个兔子——没白行好。
乌龟笑兔子尾巴短——彼此彼此。
速记：追打草羊不烧龟

兔子粪装玻璃瓶——假充大药丸。
兔子靠腿狼靠牙——各有各的谋生法。
兔子枕着鸟枪睡——自找不自在。
兔子拜月亮——妄想成仙。
兔子饿了捉老鼠——饥不择食。
兔子叫门——送上门的肉。
速记：玻璃靠枕拜饿叫
速记总结：马虎追打玻璃

歇后语快速记忆法

■ 龙

叶公好龙——口是心非。
独眼龙相亲——一眼看中。
虎踞高山，龙踞大海——各有用武之地。
出了龙潭又入虎穴——祸不单行。
平地老虎浅水龙——抖不起威风。
鲤鱼跳龙门——大翻身。
速记：叶公独虎出平鲤

龙王爷打哈欠——好大的口气。
龙王爷放屁——一股神气。
龙王爷做法——呼风唤雨。
龙王爷跳海——回老家。
龙王爷翻脸——要变天。
速记：龙王打屁，法海翻脸

赵匡胤穿龙袍——改朝换代。
龙袍当襄衣——白糟蹋。
麻布袋做龙袍——不是这块料。
唱戏的穿龙袍——成不了皇帝。
速记：赵匡胤当做唱戏的
速记总结：叶公龙王赵匡胤

■ 蛇

土地老儿被蛇咬——自身难保。
看见草绳就喊蛇——大惊小怪。
毒蛇做梦吞大象——野心勃勃。
蛇吞老鼠鹰叼蛇——一物降一物。
蜈蚣遇到眼镜蛇——一个比一个毒。
速记：土地看见毒蛇蜈

蛇头上的苍蝇——送来的口食。
蛇过了才打棍——马后炮。
汉高祖斩白蛇——一刀两断。
冬天的蟒蛇——有气无力。
地头蛇请客——祸福莫测。
速记：蛇头过了汉冬地

蛇钻竹筒——一条路。
蛇进鸡窝——完蛋。
蛇吞蝎子——以毒攻毒。
蛇吃黄鳝——比长短。
速记：蛇钻鸡窝吞吃黄鳝
速记总结：土地看见蛇头钻鸡窝

马

司马遇文君——一见钟情。
城头上跑马——兜圈子。
船头上跑马——走投无路。
女儿国招驸马——一厢情愿。
皇帝女儿招驸马——专拣好的挑。
速记：司马跑马招驸马

老大坐车，老二骑马——各走各的路。
牛耕田，马吃谷——一个受累，一个享福。
拉着黄牛当马骑——穷凑合。
你有骏马，我有金鞍——配得起你。
见了骆驼说马肿背——少见多怪。
好袄做成破马褂——穷折腾。
贵州驴子学马叫——南腔北调。
速记：老牛拉你见好贵

马大哈当会计——全是糊涂账。
马走日字象走田——各有各的路。
马路上说马路——公道。
马到悬崖不收僵——死路一条。
马粪球，羊屎蛋——表面光。
速记：马大哈走路到马粪

十二生肖

马脸比猪头——一个比一个丑。

马上耍杂技——艺高胆大。

马槽里伸出个驴头——多嘴多舌。

马勺当锣打——穷得叮当响。

马桶拼棺材——臭了半辈子还装人。

速记：马脸马上槽勺桶

速记总结：司马老牛大马脸

■ 羊

铁匠牧羊——干的不是那一行。
耕牛吃羊草——怎能吃得饱。
狼也跑了，羊也保了——两全其美。
剪下羊毛换挂面——不图赚钱图方便。
羊吃青草猫吃鼠——各有各的福。
速记：铁匠耕狼剪羊吃

黄羊跑到虎穴里——凶多吉少。
山羊钻狗洞——勉强过得去。
放羊的捡柴火——一举两得。
绵羊进狼窝——自投罗网。
买只羊羔不吃草——毛病不少。
活羊拉到桌子上——离死也不远了。
速记：黄山放绵羊，买活羊

羊群里跑出个骆驼——抖什么威风。
羊圈里蹦出个驴来——数你大。
速记：羊群羊圈
速记总结：铁匠黄山放羊群

十二生肖

■ 猴

猴子骑老虎——下不来。
猴子拿帽子——等着要钱。
猴子捡生姜——吃也不是，丢也不是。
猴子打锣鼓——不玩了。
猴子下井捞月亮——想得美。
速记：老虎拿姜打月亮

猴子不吃人——嘴脸难看。
猴子想变人——尾巴遮不住。
猴子照镜子——里外不是人。
猴子戴眼镜看书报——假斯文。
猴子叼烟卷——像人不是人。
猴子戴乌纱帽——不知自己是多大的官。
速记：不想照看烟卷帽

猴子爬树——拿手好戏。
猴子进了花果山——吃喝不愁。
请个猴子看桃园——自找麻烦。
猴子偷西瓜——连滚带爬。
猴子看果园——监守自盗。
速记：爬进桃园偷看
速记总结：老虎不想爬进

歇后语 快速记忆法

■ 鸡

黎明的觉，半道的妻，羊肉饺子清炖鸡——难得的好处。
蚂蚱碰上鸡——在劫难逃。
鸡给黄鼠狼拜年——自投罗网。
黄鼠狼给鸡拜年——没安好心。
鸡眼里插钥匙——开心。
鸡眼里长竹笋——胸有成竹。
鸡眼里灌米汤——心服口不服。
请来的鸡屁股供菩萨——穷恭敬。
牵着骆驼数着鸡——高的高来低的低。
赶鸡下河——往死里逼。
速记：黎明碰鸡肚，请牵赶

捡根鸡毛当令箭——谁听你的。
电线杆上绑鸡毛——好大的胆子。
鸡窝门口贴对联——小题大做。
琉璃瓦盖鸡窝——大材小用。
偷鸡打店主——一错再错。
黄鼠狼偷鸡——专干这行的。
公鸡戴草帽——官上加官。
被打败的公鸡——垂头丧气。
速记：鸡毛鸡窝偷公鸡
速记总结：黎明偷公鸡

十二生肖

■ 狗

狗熊拜年——不敢受这个礼。（此句与生肖无关）
狗尾巴草长在墙缝里——根子不正。（此句与生肖无关）
案板上的狗肉——上不了席。
吃了砒霜毒狗——害人先害己。
速记：狗熊尾巴案板上吃

哈巴狗坐轿——不识抬举。
狗撵耗子——多管闲事。
狗戴礼帽——假装文明人。
阎王殿里卖狗皮膏药——骗鬼。
速记：哈巴狗撵戴膏药

小偷被狗咬——干吃哑巴亏。
挨打的狗咬鸡——拿别人出气。
肥狗咬主人——忘恩负义。
速记：小偷挨肥狗咬

叫花子打狗——边打边走。
抱木偶打狗——把你不当人。
黑狗偷了油，打了白狗头——冤枉。
裁缝打狗——有尺寸。
速记：叫花子抱黑裁缝打

歇后语 快速记忆法

狗走千里吃屎，狼走千里吃肉——改不了。

饿狗上茅房——找死。

拿狗屎当麻花——香臭不分。

丝绸口袋装狗屎——白糟蹋。

吃过屎的狗——嘴巴臭。

速记：狗饿拿丝绸吃

速记总结：狗熊哈巴狗咬打吃

■ 猪

黄连炖猪苦胆——苦不堪言。
猪打不死人——气胀人。
过道里赶猪——直来直去。
跪着养猪——看在钱份上。
稻田里盖猪圈——肥水不流外人田。
上山打野猪——见者有份。
速记：黄猪过道跪稻上

母猪嘲笑马脸长——不自量。
猪晃尾巴猴眨眼——习以为常。
屠夫说猪，农夫说谷——三句话不离本行。
豹子借猪狗借骨——有去无回。
有钱烧猪肉，无银猎田鼠——出路总会有的。
小媳妇买猪内脏——提心吊胆。
三十晚上催年猪——来不及了。
速记：母猪屠豹有小三

杀猪杀屁股——各有各的杀法。
钝刀子杀猪——全靠手劲。
肥猪跑进屠户家——送上门的肉。
肥猪上屠场——挨刀的货。
过年的肥猪——早晚得杀。
速记：杀猪杀肥猪
速记总结：黄猪母猪杀肥猪

动物

　　动物分为哺乳类、鸟类、鱼类、爬行类、两栖类、昆虫类六大类。
　　哺乳类动物有狐狸、猫（简记"狸猫"）。
　　熊瞎子、狮子、麒麟、驴（简记"熊狮麒驴"）。
　　黄鼠狼、狼、长颈鹿、大象（简记"黄鼠狼长大"）。
　　鸟类动物又分游禽和涉禽两类。
　　游禽鸟类有鸭、鹅、鸳鸯、鹤、大雁（连记"鸭鹅鸳鸯鹤大雁"）。
　　涉禽鸟类有喜鹊、孔雀、麻雀（简记"喜三雀"）。
　　乌鸦、凤凰、八哥、啄木鸟、燕子（简记"乌凤八哥啄燕子"）。
　　哺乳类动物和鸟类动物可简记为"哺鸟类"，上述所有动物可简记为"狸熊黄鸭喜乌凤"。

　　鱼类动物有鲤鱼、鳝鱼、金鱼、鲫鱼（简记"鲤鳝金鲫"）。
　　爬行类动物有龟鳖目、有鳞目和鳄目三种。
　　龟鳖目有乌龟、鳖、王八（王八是乌龟和鳖的统称）。

动物

有鳞目有蛇、蜥蜴、壁虎、变色龙，本书只以"壁虎"作代表。

鳄目有鳄鱼。

两栖类动物有青蛙和癞蛤蟆（蛤蟆是青蛙和癞蛤蟆的统称）。

昆虫类动物有虾、蟹、蚊、蝇、蛾、蝶、螳螂、蟑螂（简记"虾蟹蚊蝇蛾蝶螂"）。

蚂蚁、黄蜂、马蜂、知了、蟋蟀、蜻蜓、蚂蚱、蝗虫（简记"蚂蜂知蟋蜻蚂蝗"）。

蜈蚣、蜘蛛、虱子、蝎子、蚯蚓、蜗牛、屎壳郎（简记"蜈蜘虱蝎蚓蜗郎"）。

鱼类、爬行类、两栖类、昆虫类可简记为"鱼爬两栖昆虫类"。

歇后语快速记忆法

■ 狐狸

狐狸跟狼走，乌鸦随老雕——各行其便。
狐狸和狗拜把子——狐朋狗友。
狐狸给狮子拜年——想当大王。
狐狸给老虎搔痒——卖弄风骚。
跑了耗子捉狐狸——一个比一个刁。
黄鼠狼和狐狸结亲——臭味相投。
狐狸给鸡祝寿——不敢受这个礼。
速记：狼狗狮虎跑黄鸡

狐狸进村——没安好心。
狐狸出洞——没好事儿。
狐狸打马蜂——不懂得死活。
狐狸吵架——一派胡言。
狐狸看鸡——越看越稀。
狐狸搽花露水——臊气还在。
狐狸照镜子——怪模怪样。
速记：进出打架看花镜

狐狸精打哈欠——妖里妖气。
狐狸想天鹅——得不到口。
狐狸吃不到的葡萄——全是酸的。
山里的狐狸——狡猾透了。
河里的泥鳅种，山上的狐狸王——老奸巨猾。
速记：狐狸精想吃山河
速记总结：狼狗出打狐狸精

■ 猫

布袋里买猫——不知底细。

打死老鼠喂猫——好一个,恼一个。

耗子上吊——猫逼的。

铁仙鹤,玻璃猫——一毛不拔。

鸡拿耗子猫打鸣——乱套了。

狗逮老鼠猫看家——反常。

速记：布打耗子瓷鸡狗

饿猫不吃死耗子——假斯文。

吃饱就睡的猫——哪能捉住耗子。

老猫上锅台——熟路。

老猫卧房脊——一辈传一辈。

老猫偷食狗挨打——错怪。

馋猫挨着锅台转——别有用心。

厨房里的馋猫——记吃不记打。

狸猫换太子——以假充真。

速记：饿猫吃饱老馋狸

速记总结：布打饿猫

熊瞎子

熊瞎子走亲戚——没人敢认。
熊瞎子拜年——不敢受这个礼。
熊瞎子学绣花——装模作样。
熊瞎子耍扁担——翻来覆去老一套。
熊瞎子打敬礼——一手遮天。
速记：走亲拜年学耍打

狮子

狮子头上逮苍蝇——胆子不小。
狮子跟狗斗——胜也无光。
天安门的狮子——明摆着。
卢沟桥的狮子——数不清。
石头狮子灌米汤——滴水不进。
速记：苍狗天桥石

麒麟

老憨看麒麟——那是有钱的牛。

劣马装麒麟——露马脚。

一脚踢死个玉麒麟——不晓得贵贱。

麒麟角，蛤蟆毛——天下难找。

速记：老马踢麒麟角

■ 驴

众人的马，公家的驴——谁爱骑谁骑。
瞎子牵叫驴——松不得手。
指着和尚骂秃驴——指桑骂槐。
三张纸画了个驴头——好大的脸面。
女婿哭丈人——驴子放屁。
速记：众人瞎指三女婿

瘸子骑瞎驴——互相照应。
瘸腿驴子跟马跑——一辈子也赶不上。
骑驴背包袱——不知压谁。
骑驴看三国——替古人担忧。
骑驴背磨盘——多此一举。
骑着毛驴吃烧鸡——这把骨头不知扔在哪儿。
骑着毛驴思骏马，官居宰相望王侯——贪得无厌。
毛驴拉磨牛耕田——各有各的活儿。
速记：瘸腿骑毛驴
速记总结：众人瞎指瘸腿

黄鼠狼

黄鼠狼和鸡结老表——不是好亲。

黄鼠狼听鸡叫——垂涎三尺。

黄鼠狼咬病鸡——专抓倒霉的。

老母鸡斗黄鼠狼——不是对手。

鸡窝边的黄鼠狼——不轻易回头。

速记：老表鸡叫咬老鸡

黄鼠狼拜狐狸——一个更比一个坏。

黄鼠狼和狐狸结亲——臭味相投。

黄鼠狼作揖——拜拜。

黄鼠狼骂狐狸——都是骚货。

黄鼠狼和狐狸拜姐妹儿——一路骚货。

速记：拜亲作揖骂姐妹

速记总结：老表拜亲

■ 狼

恶狼生个贼狐狸——不是好种。
恶狼和疯狗做伴——坏到一块了。
东郭先生救狼——好心不得好报。
放羊娃喊救命——狼来了。
豺狼请兔子的客——没好事。
豺狼恨猎人——死对头。
速记：恶狼救豺狼

长颈鹿

公园里的长颈鹿——就你脖子长。
和长颈鹿亲嘴——高攀不上。
长颈鹿进窑洞——不得不低头。
长颈鹿啃树叶——张口就来。
长颈鹿的脖子，仙鹤的腿——各有所长。
速记：公亲进窑洞啃脖子

大象

蚂蚁说成大象——言过其实。
大象踩蚂蚁——以大欺小。
蚊子叮大象——以小欺大。
大象吃蚊子——无从下口。
大象扛木头——尽干重活。
大象钻狗洞——肯定通不过。
大象上磅秤——有份量。
速记：蚂蚁扛狗秤

大象踩乌龟——不怕你硬。
蛇吞大象——贪心不足。
毒蛇梦见吞大象——野心勃勃。
大象身上的跳蚤——微不足道。
大象坐轿子——请不到轿夫。
速记：龟蛇跳轿子

老鼠给大象指路——越走越窄。
老鹰叼大象——自不量力。
癞蛤蟆吞大象——想得高。
瞎子摸大象——各说各自理。
大象敲门——来头不小。
速记：老癞瞎敲门

鸭

鸭子孵小鸡——白忙活。

鸭子拍翅膀——想飞。

鸭子吃黄鳝——吞吞吐吐。

鸭子死了还有鹅——一个顶一个。

洞庭湖里的野鸭——无人管。

速记：孵拍吃死野鸭

■ 鹅

火鸡比天鹅——差得远。
丑小鸭变天鹅——高升了。
鹅吃草，鸭吃谷——各享各人福。
兔子想吃天鹅肉——眼睛都望红了。
癞蛤蟆想吃天鹅肉——痴心妄想。
速记：鸡鸭鹅想吃天鹅肉

鸳鸯

才子佳人结鸳鸯——好事成双。
千里驹上结鸳鸯——马上成亲。
河里的鸳鸯——形影相随。
棒打鸳鸯不散——天生的一对。
乔太守乱点鸳鸯谱——弄假成真。
速记：才子千里结鸳鸯，河里棒打乔太守

■ 鹤

黄鹤楼上看翻船——幸灾乐祸。

羊群里的骆驼，鸡群里的仙鹤——与众不同。

白鹤长个黑尾巴——美中不足。

半天云里骑仙鹤——远走高飞。

床底下养仙鹤——一辈子不得抬头。

速记：黄羊白半天床

■ 大雁

大雁飞过拔根毛——总要捞一把。
低头见鸡，抬头见雁——顺眼。
空中的雁，水底的鱼——捞不着。
天上飞大雁——成群结队。
速记：大雁低空天上飞

■ 喜鹊

喜鹊回窝凤还巢——安居乐业。

喜鹊窝里掏凤凰——搞错了地方。

喜鹊飞进洞房里——喜上加喜。

喜鹊老鸦同枝叫——悲喜交加。

落榜听见喜鹊叫——惨不忍闻。

喜鹊落满树,乌鸦漫天飞——吉凶未卜。

两树:柳树梢的喜鹊——攀上高枝。

　　　老榆树上的喜鹊——净拣高枝攀。

速记:回窝飞叫落两树

孔雀

茅坑里的孔雀——臭美。
孔雀说成乌鸦——好坏不分。
孔雀拔了毛——看你咋美。
大象的鼻子，孔雀的尾巴——各有所长。
山鸡变孔雀——越变越好。
速记：茅坑说成拔大山

■ 麻雀

三只麻雀：洞庭湖里的麻雀——见过大风浪。
　　　　　深山里的麻雀——没见过大风浪。
　　　　　屋檐下的麻雀——经不起风吹雨打。

麻雀搭窝——各顾各。

麻雀养蚕——越养越完。

麻雀找食——找到一点吃一点。

吃：麻雀吃老鹰——讲归讲，听归听。
　　麻雀吃不下二两谷——肚量小。

速记：三只麻雀，搭窝养蚕找食吃

麻雀过路分公母——好厉害的眼力。

麻雀掉进粗糠里——空欢喜。

麻雀歇在胡子上——谦虚。

麻雀落在牌坊上——东西不大，架子不小。

速记：过路掉进胡牌坊

麻雀尾上绑鸡毛——伟大。

八只麻雀抬轿子——担当不起。

高射炮打麻雀——大材小用。

麻雀和鹰斗嘴——拿性命开玩笑。

麻雀抓老鸦——不是对手。

麻雀跟着蝙蝠飞——白熬夜。

麻雀进了瞎猫口——不死也要脱层皮。

速记：尾轿打斗抓飞猫

速记总结：三只麻雀过尾轿

037

乌鸦

黑：乌鸦笑猪黑——自己不觉得黑。
　　乌鸦钻煤堆——黑上加黑
凤：乌鸦占了凤凰枝——高攀了。
　　乌鸦头上插鸡毛——想装凤凰。
　　乌鸦窝里养凤凰——空欢喜。
丧：拜堂听见乌鸦叫——扫兴。
　　闭眼听见乌鸦叫，睁眼看见扫帚星——倒霉透了。

速记：乌鸦黑凤丧

动物

■ 凤凰

美：凤凰头上戴牡丹——美上加美。
　　家雀变凤凰——想得倒美。
鸡：凤凰身上插鸡毛——多此一举。
　　拿着凤凰当鸡卖——贵贱不分。
飞：鸡窝里飞出金凤凰——异想天开。
　　凤凰飞上梧桐树——自有旁人说短长。
速记：凤凰美鸡飞

■ 八哥

巧八哥的嘴——能说会道。

巧八哥学舌——人云亦云。

笼子里的八哥——只会说不会干。

八哥吃柿子，雷公打豆腐——捡软的欺。

速记：巧八哥笼子里吃柿子

动物

■ 啄木鸟

啄木鸟当医生——靠的就是一张嘴。
啄木鸟飞上黄连树——自讨苦吃。
啄木鸟找食——全凭一张嘴。
啄木鸟死在树洞里——吃了嘴的亏。
速记：医生飞上黄连树找死

歇后语快速记忆法

■ 燕子

刚出窝的燕子——叽叽喳喳。

黄昏的燕子——不想高飞。

南来的燕子北去的鸟——早晚都要飞。

燕子下江南——不辞劳苦。

正月初一燕子进屋——兆头好。

燕子搭窝——嘴上功夫。

速记：燕子南下进屋搭窝

■ 鲤鱼

才捉到的鲤鱼——活蹦乱跳。

鲤鱼的胡子——没几根。

跳：鲤鱼跳到渔船上——自己找死。

速记：才捉到的鲤鱼胡跳

鳝鱼

鳝鱼的脑袋——又奸又猾。
摸到泥鳅当鳝鱼——不知长短。
鳝鱼进毫子——只进不出。
荷叶包鳝鱼——溜之大吉。
速记：鳝鱼的脑袋摸进包

■ 金鱼

金鱼的眼睛——突出。
金鱼的尾巴——摇摆不定。
金鱼缸里放泥鳅——看你怎么耍滑头。
玻璃瓶装金鱼——一眼看透。
速记：金鱼的眼尾缸里装

鲫鱼

鲫鱼下油锅——死不瞑目。

金鲫鱼喂猫——舍不得。

速记：鲫鱼下油锅喂猫

动物

■ 王八

王八胸前插鸡毛——归心似箭。

王八找个鳖亲家——门当户对。

吃：王八吃秤砣——铁了心。

　　王八吃蜻蜓——出头露面。

　　王八吃西瓜——滚的滚，爬的爬。

　　王八吃柳条——满肚子瞎编。

坛子里头养王八——包活不包长。

池里的王八，塘里的鳖——一路货。

青蛙变王八——越变越难看。

鱼：鱼吃鱼，虾吃虾，乌龟吃王八——六亲不认。

　　鱼找鱼，虾找虾，乌龟爱王八——气味相投。

速记：胸前找吃，养池变鱼

乌龟

乌龟请客——净是王八。

乌龟笑猪黑——自己不觉得。

乌龟骂王八——彼此彼此。

乌龟照镜子——王八相。

乌龟放屁——憋气。

乌龟壳上贴广告——牌子硬。

速记：请客笑骂照屁贴

■ 鳖

老鳖：老鳖跌跟头——翻了。
　　　老鳖的肉——都藏在肚子里。
尿鳖子镶金边——臭讲究。
瓮中鳖，盘中鱼——跑不了。
速记：老鳖尿鳖瓮中鳖

壁虎

壁虎掀门帘——露一小手。
壁虎断尾巴——脱身之计。
壁虎捕虫——不动声色。
壁虎捕食——出其不意。
速记：掀门断尾捕虫食

鳄鱼

水中的鳄鱼,山上的虎豹——凶的凶,狠的狠。

鳄鱼上岸——来者不善。

鳄鱼流眼泪——假慈悲。

速记:水中的鳄鱼,上岸流眼泪

青蛙

井底青蛙——没见过世面。
捉蛇打青蛙——不务正业。
青蛙顶荷叶——你也算个人。
青蛙遇见田鸡——碰上自家人。
青蛙望玉兔——有天地之别。
跛脚青蛙碰着瞎田鸡——难兄碰到难弟。
青蛙笑蝌蚪——忘了自己从哪儿来了。
速记：井底捉蛙顶荷叶，遇见望着笑

■ 蛤蟆

蛤蟆跟着团鱼转——装王八孙子。

蛤蟆吞鱼钩——自找难受。

蛤蟆掉进滚油锅——死路一条。

长虫吃蛤蟆——慢慢来。

井里的蛤蟆戴草帽——没见过蓝天。

井里的蛤蟆上井台——大开眼界。

速记：跟着团鱼吞鱼钩，掉长井

歇后语快速记忆法

■ 癞蛤蟆

癞蛤蟆脑壳上戴钢盔——硬装敢死队。

癞蛤蟆屁股上插鸡毛——不是什么好鸟。

癞蛤蟆躲端午——躲一时，是一时。

癞蛤蟆开吉普——咱们走吧。

三跳：癞蛤蟆跳水井——不懂。
　　　癞蛤蟆跳进烟囱里——不死也要脱层皮。
　　　癞蛤蟆跳在脚背上——不咬人，恶心人。

速记：脑壳屁股躲开三跳

癞蛤蟆打哈欠——好大的口气。

癞蛤蟆鼓肚子——发混胀（账）气。

癞蛤蟆坐沙发——该我享受了。

癞蛤蟆做垫脚石——担当不起。

癞蛤蟆想吃天鹅肉——痴心妄想。

癞蛤蟆吃萤火虫——心知肚明。

癞蛤蟆不咬人——样子难看。

速记：打鼓坐垫想吃人

速记总结：脑壳打鼓

■ 虾

小虾：小虾钓鲤鱼——吃小亏占大便宜。
　　　跑了小虾抓鲤鱼——更好。
大虾：大虾跳进油锅里——该死。
　　　大虾上了岸——蹦不了几下。
虾米：吃瓜子嗑出虾米来——什么人都有。
　　　大鱼吃小鱼，小鱼吃虾米——弱肉强食。
速记：小虾大虾虾米

螃蟹

煮熟的螃蟹——肯定红。
秋后的螃蟹——没几天活头了。
鱼篓里的螃蟹——进来容易出去难。
石头缝里逮螃蟹——十拿九稳。
搭戏台卖螃蟹——买卖不大,架子不小。
叫花子吃死蟹——只只好。
速记:煮秋鱼,逮卖吃

一只螃蟹八只脚——错不了。
螃蟹生鳞鱼生脚——怪事一桩。
螃蟹吐唾沫——没完没了。
螃蟹拉车——不走正道。
螃蟹过马路——横行霸道。
螃蟹拖螺壳进洞——自己堵自己的路。
速记:一生吐,拉过马路拖进洞
速记总结:煮秋鱼,一生吐

■ 蚊子

蚊子叮观音——看错了人。

蚊子叮菩萨——找错了人。

蚊子腹内刳脂油——没多大油水。

蚊子肚里找肝胆——故意刁难。

蚊子遭扇打——全怪那张嘴。

速记：蚊子叮观音菩萨腹肚遭扇打

■ 苍蝇

秃子头上的苍蝇——有目共睹。

秃子头上打苍蝇——正大光明。

吃：苍蝇吃蜘蛛——自投罗网。

　　瞎子吃苍蝇——眼不见为净。

秋后的苍蝇——还能嗡嗡几天。

隔年的苍蝇——老不死。

苍蝇嘴巴狗鼻子——真灵。

苍蝇飞进花园里——装疯。

落到：苍蝇落到饭碗里——恶心。

　　　苍蝇落到热油锅——罪该万死。

　　　苍蝇落到酒瓶里——前途光明无出路。

速记：睹打吃，秋后隔年嘴巴飞落到

■ 飞蛾

飞蛾扑火——自己找死。

飞蛾逮蜘蛛——自投罗网。

速记：飞蛾扑火逮蜘蛛

蝴蝶

成对的蝴蝶——比翼双飞。

蝴蝶专往野地飞——拈花惹草。

蝴蝶飞进了花园里——难舍难分。

蝴蝶落在鲜花上——恋恋不舍。

牛犊子扑蝴蝶——看着容易做着难。

速记：成对专飞落牛犊

■ 蟑螂

灰堆里的蟑螂——糊涂虫。

蟑螂落油锅——全身都酥了。

速记：灰堆里的蟑螂落油锅

螳螂

蚂蚁背螳螂——肩负重任。

螳螂捕蝉——黄雀在后。

螳螂肚子蛤蟆嘴——瞧你的榜样。

螳螂当车逗霸道——没有好下场。

速记：蚂蚁捕蝉肚当车

动物

■ 蚂蚁

老虎吃蚂蚁——不够塞牙缝。

鞭子抽蚂蚁——专拣小的欺。

打死蚂蚁踩一脚——做得出来。

墙缝里的蚂蚁——不愁没出路。

见着骆驼不说蚂蚁——专拣大的说。

蚂蚁的腿，蜜蜂的嘴——闲不住。

蚂蚁头上戴斗笠——乱扣帽子。

蚂蚁抬大炮——担当不起。

蚂蚁背螳螂——肩负重任。

蚂蚁啃骨头——慢慢来。

蚂蚁喝水——点滴就够啦。

蚂蚁挡路——翻不了车。

蚂蚁碰上鸡——活该。

蚂蚁掉进磨盘里——条条是道。

蚂蚁缘槐夸大国——小见识。

速记：老虎鞭打墙见腿，头上抬背啃喝水
　　　挡路，碰上鸡，掉进磨盘小见识

063

■ 黄蜂

青竹蛇儿口，黄蜂尾上针——最毒不过。

黄蜂叮屁股——有痛讲不出口。

速记：黄蜂尾上针叮屁股

■ 马蜂

马蜂的窝——心眼多。

赤膊捅马蜂窝——蛮干。

马蜂针，蝎子尾——惹不起。

速记：马蜂的窝捅针

歇后语 快速记忆法

■ 知了

秋后的知了——没几天叫头。

冬天的知了——一声不响。

枯树上的知了——自鸣得意。

胡琴里藏知了——弦外之音。

打枣捎带捉知了——一举两得。

蝉不叫蝉——知了。

速记：秋冬枯树藏打蝉

蟋蟀

蟋蟀打架——看谁嘴硬。

蟋蟀斗公鸡——各有一长。

药罐子里斗蟋蟀——苦中取乐。

拆掉房子捉蟋蟀——因小失大。

蝉鸣蟋蟀叫——各唱各的调。

速记：蟋蟀打斗药捉蝉

蜻蜓

蜻蜓摇大树——纹丝不动。
蜻蜓落在房梁上——个子不大，架子不小。
蜻蜓点水鱼打花——没有用。
老虎吃蜻蜓——不过瘾。
王八吃蜻蜓——出头露面。
蜻蜓想吃红樱桃——眼睛都望绿了。
速记：摇落点水，老王想吃

■ 蚂蚱

河南的蚂蚱——吃过边界来了。
秋后的蚂蚱——蹦跶不了几天。
草地里的蚂蚱——不容易暴露。
速记：河南秋后草地里的蚂蚱

蚂蚱看庄稼——越看越光。
蚂蚱见公鸡——畏缩不前。
双手拍蚂蚱——一下当两下。
出恭扑蚂蚱——捎带着的事。
蚂蚱蹦到油锅里——不想活了。
蚂蚱跳到池塘里——不知深浅。
蚂蚱飞到药罐里——自讨苦吃。
速记：看见拍扑蹦跳飞

一根绳拴俩蚂蚱——谁也跑不了。
两条腿：蚂蚱腿上刮精肉——难下手。
　　　　蚂蚱扯了一条腿——照样还是蹦跳。
速记：一根绳，三条腿
速记总结：河南看见一根绳

蜈蚣

惊蛰后的蜈蚣——越来越凶。

剁头的蜈蚣——僵尸。

咬：哑巴被蜈蚣咬——痛不可言。

　　蜈蚣咬了板凳腿——白出一股毒气。

吃：蜈蚣吃蝎子——以毒攻毒。

　　蜈蚣吃萤火虫——心里明白。

鸡：鸡与蜈蚣——死对头。

　　蜈蚣遇公鸡——命难逃。

速记：惊蛰剁头咬吃鸡

■ 蜘蛛

蜘蛛结网，耗子打洞——各有各的主意。

蜘蛛网吊死人——无奇不有。

老蜘蛛跑腿——办私事。

蜘蛛摆下八卦阵——专捉飞来将。

速记：蜘蛛结网吊死人，老摆腿

蚯蚓

蚯蚓的孩子——土生土长。
蚯蚓打哈欠——土里土气。
蚯蚓钓青鱼——本小利大。
速记：蚯蚓的孩子打青鱼

动物

■ 虱子

唐僧头上的虱子——明摆着。
剃头的捉虱子——一举两得。
给老虎捉虱子——好心得不到好报。
虱子躲到破袄里——有得住，没得吃。
为了虱子烧皮袄——不值得。
吃虱子留后腿——小气。
速记：唐僧捉虱子，躲到破袄里烧吃

蝎子

墙头上的马蜂,墙缝里的蝎子——一个比一个毒。

蝎子钻进墙缝里——暗中伤人。

蝎子炒辣椒——又毒又辣。

蝎子的尾巴后娘的心——最毒。

速记：墙头墙缝炒尾巴

■ 蜗牛

蜗牛盖房子——自己顾自己。

蜗牛耕田——费力不小，收获不大。

两个吃：鸭子吃蜗牛——食而不知其味。

蜗牛吃蜈蚣——活该。

速记：盖房耕田两个吃

屎壳郎

屎壳郎叫门——臭到家了。

屎壳郎推车——滚蛋。

屎壳郎搬家——走到哪臭到哪。

双打：屎壳郎打灯笼——找死。

屎壳郎打哈欠——一张臭嘴。

屎壳郎搭戏台——臭架子。

速记：叫车搬家双打戏

戴：屎壳郎戴花——臭美。

屎壳郎戴面具——臭不要脸。

屎壳郎戴口罩——臭干净。

屎壳郎戴眼镜——冒充知识分子。

上：屎壳郎上饭桌——恶心。

屎壳郎上高速——冒充黑吉普。

屎壳郎娶媳妇——小两口一般黑。

屎壳郎坐飞机——臭气熏天。

速记：戴上媳妇坐飞机

屎壳郎出国——臭名远扬。

屎壳郎放屁——不值一文（闻）。

屎壳郎落在汤锅里——临死还来祸害人。

屎壳郎和苍蝇交朋友——臭味相投。

速记：出国放锅交朋友

速记总结：叫车戴上媳妇出国

中国名花

春天有"君子之花"兰花、"花中娇客"茶花、"凌波仙子"水仙和"繁花似锦"杜鹃。

夏天有"水中芙蓉"荷花、"花中之王"牡丹。

秋天有"凌霜绽妍"菊花、"十里飘香"桂花。

冬天有"花中之魁"梅花。

还有一年四季都娇艳欲滴的"花中皇后"月季。

除了春兰秋菊夏荷冬梅等十大名花外，还有桃花、茉莉花、百合花、玫瑰花、鸡冠花，也都是响当当的名花，它们可以简记为"桃茉百玫鸡"。

花草遍地都是，歇后语又包罗万象，本篇搜集了几类是花非花、是草非草的歇后语以飨读者。

带"花"字的有：天花、麻花、雪花、莲花、鲜花、棉花、绣花，其中只有"莲花"是真正的花，它们可简记为"天麻雪莲鲜棉绣"。

带"草"字的有：稻草、窝边草、灯草、含羞草、杂草，其中只有"含羞草"是真正的草，它们可简记为"稻窝灯草含杂草"。

另外，本篇还介绍了与"花草"相关的三样东西，它们分别是花轿、花鞋和草鞋。

十大名花

一、兰花

歪嘴婆娘戴兰花——自以为美。

牙齿缝里插兰花——嘴上漂亮。

速记：歪嘴婆娘牙齿缝里插兰花

二、水仙花

春节后的水仙——没有市场。

水仙不开花——装蒜。

速记：春节后的水仙不开花

三、茶花

春天的山茶花——一时鲜。

茶花里煮饺子——心中有数。

速记：春天的山茶花煮饺子

四、杜鹃

杜鹃开花——红艳艳

满山开的杜鹃花——一片火红。

速记：杜鹃开花满山开

五、荷花

盛夏的荷花——满堂（塘）红。

马桶上插荷花——图外面好看。

速记：盛夏马桶上插荷花

中国名花

六、牡丹

三：指三个"的"。

洛阳的牡丹——个个喜爱。

花儿里的牡丹——出类拔萃。

大路边的牡丹——众人共赏。

绣：丝绸绣牡丹——锦上添花。

鞋底上绣牡丹——中看不中用。

破袄上绣牡丹——只图表面好看。

胸窝里**栽**牡丹——心花怒放。

干河滩里**种**牡丹——好景不长。

凤凰头上**戴**牡丹——美上加美。

人家的牡丹**敬**菩萨——借花献佛。

望乡台上**看**牡丹——做鬼也风流。

速记：三绣栽种戴敬看

七、菊花

九月的菊花——黄灿灿。

秋天的菊花——经得起风霜。

九月菊花**逢细雨**——点点滴滴入心田。

速记：九月秋天逢细雨

八、桂花

月亮里的桂花树——高不可攀。

茅厕里栽桂花——香臭不分。

桂花树旁盖茅房——香一阵，臭一阵。

速记：月亮茅厕桂花树

九、梅花

一枝梅花靠墙栽——显不出你来。

五枝梅花开一朵——四肢（枝）无力。

八十岁婆婆戴刺梅花——别人不夸自己夸。

拨开竹叶见梅花——分清（青）白。

速记：一五八，拨开竹叶见梅花

十、月季

晚上的月季花——变色。

额角上栽月季——看花了眼。

速记：晚上额角上栽月季

■ 桃茉百玫鸡

桃花

三九天开桃花——动了春心。

茉莉花

王母娘娘戴茉莉花——喜欢这个调调。

百合

乡下人吃百合——无苦讨苦。

玫瑰花

茅房里放玫瑰花——显不出那点香味。

鸡冠花

十月的鸡冠花——老来红。

■ 天麻雪莲鲜棉绣

一、天花

西施脸上出天花——美中不足。

阎王爷出天花——净是鬼点子。

速记：西施阎王出天花

二、麻花

湖北的麻花——反拧。

香油炸麻花——干干脆脆。

受潮的麻花——不干脆。

速记：湖北香油炸受潮的麻花

三、雪花

雪花落在水塘里——不声不响。

热汤泡雪花——马上全完。

速记：雪花落，热汤泡

四、莲花

莲花池里下饺子——水分太多。

叫花子唱莲花落——穷开心。

望乡台上唱莲花落——不知死的鬼。

速记：莲花池唱莲花落

中国名花

五、鲜花
蝴蝶落在鲜花上——恋恋不舍。
狐狸戴鲜花——冒充美人。
粪堆上插鲜花——臭美。
捧着鲜花坐飞机——美上天了。
镜子里的鲜花——空好看。
速记：蝴蝶狐狸插坐镜

六、棉花
一两棉花两张弓——慢慢谈（弹）。
半天云里抛棉花——肯定落空。
背着棉花过河——负担越来越重。
种：核桃树下种棉花——软硬兼施。
　　　棉花地里种芝麻——一举两得。
灶脚下弹棉花——开不得工（弓）。
速记：一半过河种脚下

七、绣花
三岁姑娘会绣花——没有比她更巧的。
绣花房里的花枕头——摆摆样子。
绣花被头盖鸡笼——外面好看里头空。
绣花虽好不闻香——美中不足。
麻布袋绣花——底子太差。
牛皮上绣花——底子扎实。
速记：三房被头好麻牛

083

稻窝灯草含杂草

一、稻草

弯腰捡稻草——轻而易举。
下雨天背稻草——越背越重。
瓦屋顶上盖稻草——多此一举。
绣花枕头包稻草——里外不一。
速记：捡稻草、背稻草盖包

二、窝边草

兔子不吃窝边草——舍近求远。

三、灯草

捡根铁棒当灯草——说得轻巧。
灯草烧窑——不顾本钱。
灯草烧蹄子——浪费。
速记：铁棒烧窑烧蹄子

四、含羞草

路边含羞草——见人就低头。

五、杂草

田间锄地遇杂草——不足为奇。
鲜花栽在杂草里——煞风景。
速记：田间锄地遇鲜花

中国名花

■ 花轿花鞋草鞋

一、花轿

抬花轿遇上送殡的——你死我活。

小寡妇看花轿——干着急。

新娘子坐花轿——头一回。

速记：抬花轿小新

二、花鞋

亲家母的花鞋——借来的。

舅奶奶的花鞋——老样子。

临上轿找不到绣花鞋——心里急。

穿花鞋：大姑娘穿花鞋——走着瞧。

跛脚穿花鞋——边走边瞧。

老婆婆穿花鞋——赶时髦。

速记：亲舅临上轿穿花鞋

三、草鞋

刘备：刘备编草鞋——内行。

刘备卖草鞋——本行。

打：瞎子打草鞋——摸也摸熟了。

大路边打草鞋——有人说长，有人说短。

丝袜：丝光袜子套草鞋——土洋结合

速记：刘备打丝袜

食物

一、五谷根茎类

1. 谷物类：水稻、麦子、玉米、高粱。
2. 根茎类（薯芋类）：红薯、马铃薯、芋头。

二、蛋豆鱼肉类

1. 鸡蛋
2. 豆类：黄豆、绿豆、豌豆、蚕豆。
3. 鱼肉类：鱼肉、猪肉、牛肉、羊肉、狗肉。

三、水果类

1. 瓜类：西瓜、哈密瓜、香瓜、甜瓜。
2. 柑橘类：柑、橘、橙、柚、檬。
3. 浆果类：葡萄、香蕉、草莓、柿子、石榴、猕猴桃。
（简记：葡萄香草是猴桃）
4. 仁果类：枇杷、山楂、苹果、梨。
5. 核果类：樱桃、桃、杏、梅、橄榄、枣、李子。
（简记：樱桃杏梅橄枣李）
水果五大类可简记为：瓜柑浆仁核。

四、蔬菜类

1. 瓜类：黄瓜、南瓜、冬瓜、丝瓜、苦瓜。

（简记：黄南冬丝苦）

2. 茄果类：西红柿、茄子、辣椒。

3. 菌类：蘑菇、木耳。

4. 豆类：扁豆、豆角、豌豆、蚕豆。

5. 根茎类：萝卜、藕、山药、葱姜蒜。

6. 叶菜类：菠菜、白菜、蒿菜、油菜、苋菜、韭菜、香菜。

（简记：菠白蒿油苋韭香）

蔬菜六大类可简记为：瓜果菌豆根茎叶。

五、奶类

六、油脂类

1. 油

2. 瓜子、花生、芝麻、核桃。

食物六大种类可以简记为：五谷蛋水蔬奶油。

歇后语 快速记忆法

除了以上食物的六大类，本篇还收集了与吃喝拉撒有关的一些歇后语。

1. 饭、稀饭、米汤、汤圆。
2. 豆腐、豆腐干、豆腐脑、豆腐渣。
3. 猪头、猪蹄、肥肉、骨头。
4. 冰棍、冰棒。
5. 饭馆、饭桌、饭碗。
6. 叫花子、讨饭、打牙祭。
7. 面、面粉、面条、面包。
8. 包子、馒头、煎饼、烧饼、饺子。
9. 吃饭、吃肉、吃药。
10. 喝水、喝茶、喝酒。
11. 打哈欠、打喷嚏、打饱嗝。
12. 厨房、灶、锅。
13. 厕所、茅房、茅坑。
14. 屙屎、屙尿、放屁。

食物

■ 稻谷米糠

一、稻

三亩棉花三亩稻——晴也好，雨也好。

稻田里干活——拖泥带水。

稻草人干活——不分昼夜。

速记：稻、稻田、稻草人

二、谷

百亩田里长棵谷——单根独苗。

陈年谷子烂芝麻——不新鲜。

看见麦苗叫韭菜——五谷不分。

大观园里的闺秀——四体不勤。

侯门的小姐，王府的少爷——四体不勤，五谷不分。

速记：百陈看大侯

三、米

卖米不带升——存心不良（量）。

黑豆掺在白米里——谁还看不明白。

吃米不记种田人——忘本。

乌龟吃大米——白糟蹋粮食。

速记：卖白米，吃大米

四、糠

老鼠跳到糠箩里——空欢喜。

穿绸缎吃粗糠——外光里不光。

借白米还粗糠——不顾下一回。

粗糠烙饼——好看不好吃。

速记：老鼠穿绸缎，借粗糠

> 食物

■ 麦、玉米、高粱

一、麦

种：八月十五种小麦——太早了。
　　三九天种小麦——不是时候。
　　腊月种小麦——外行。
城里人见了麦苗——好韭菜。
麦子未熟秧未插——青黄不接。
菜刀割麦子——转不过弯来。
大雨天打麦子——难收场。
卖了麦子买蒸笼——不蒸馒头争口气。
速记：种苗未熟割打卖

二、玉米

猴子掰玉米——掰一个，丢一个。
老玉米里掺白面——粗中有细。
吃玉米面打哈欠——开黄腔。
玉米开花——顶上见。
速记：猴子老吃玉米花

三、高粱

高粱地里种玉米——秋后见高低。
高粱地里栽葱——矮一截子。
高粱地里戴高帽——吓唬砍草的。
高粱地里放鸟枪——打发兔子起了身。
高粱秆当顶门杠——经不起推敲。

歇后语 快速记忆法

高粱秆做梯子——上不去。

高粱秆打狼——两面怕。

高粱秆挑水——担当不起。

高粱秆搭桥——难过。

速记：种葱戴枪，当做打水桥

■ 薯芋类食物

一、红薯

披着蓑衣啃红薯——吃没吃啥，穿没穿啥。

红薯干充天麻——冒牌货。

打架拿红薯——不是家伙。

多吃了烤红薯——尽放屁。

小米煮红薯——糊里糊涂。

速记：蓑衣干打吃小米

二、地瓜

土地爷啃地瓜——窝囊神。

南瓜地里栽地瓜——扯来扯去。

地瓜地里种豆角——纠缠不清。

地瓜冒热气——熟透了。

速记：土地栽种冒热气

三、马铃薯（土豆）

马铃薯下山——滚蛋。

电线杆上插土豆——大小是个头。

四、芋头

山中野芋头——个个麻。

芋头轮流当母芋——不例外。

米汤煮芋头——糊里糊涂。

芋头汤洗脸——糊涂。

速记：山中野母芋汤

鸡蛋和豆类食物

一、黄豆

藕炒黄豆——无孔不入。

田埂上种黄豆——靠边站。

开水泡黄豆——自我膨胀。

发霉的炒黄豆——不香。

一把黄豆数着卖——发不了大财。

黄豆切细丝——功夫到家了。

菜籽里的黄豆——数它大。

速记：藕田开发一切菜

二、绿豆

绿豆换米——各有一喜。

绿豆掉进芝麻里——总觉得自己大。

芝麻说成绿豆——谁信。

卖绿豆掺珍珠——不合算。

绿豆喂王八——正是好料。

总结：换掉芝麻卖王八

三、豌豆

鹌鹑嗉里寻豌豆——谋财害命。

凉水泡豌豆——冷处理。

筷子夹豌豆——一个个来。

竹筒倒豌豆——一干二净。

速记：鹌鹑凉筷倒豌豆

食物

四、蚕豆

三月的蚕豆花——黑了心。

铁锅炒蚕豆——干脆。

吃：瘩病鬼吃蚕豆——嘴硬。

哑巴吃蚕豆——心中有数。

麻雀吃蚕豆——享不了这份福。

速记：三月炒蚕豆吃

五、鸡蛋

九个鸡蛋掉地上——四分五裂。

烟袋锅里炒鸡蛋——请的哪门子客。

鸡蛋碰石头——自不量力。

石头放在鸡蛋里——混蛋。

速记：九个烟袋碰石头

老太婆数鸡蛋——一个个来。

屁股坐在鸡蛋上——一塌糊涂。

端着鸡蛋过独木桥——提心吊胆。

拿着鸡蛋走冰路——小心翼翼。

鸡蛋换盐——两不见钱。

鸡蛋里挑骨头——故意找茬（碴）。

速记：老屁股端拿着鸡蛋换骨头

速记总结：九个老屁股

歇后语 快速记忆法

■ 鱼肉类食物

一、鱼肉

菜板上的鱼肉——任人宰割。

馆子里的筷子——天天吃鱼肉。

速记：菜板上的筷子

二、猪肉

太公分猪肉——人人有份。

烧猪肉喂狗——糟蹋好东西。

四两猪肉半斤盐——太咸。

猪肉用油炒——好上加好。

速记：太公烧四两猪肉

三、牛肉

老和尚扒拉土豆烧牛肉——开洋荤。

酒醒不见烤牛肉——悔之晚矣。

速记：老和尚酒醒不见烤牛肉

四、羊肉

瞎子吃羊肉——块块好。

吃进狼嘴的羊肉——吐不出来。

三分钱的羊肉——没多大一点。

速记：瞎子吃三分钱的羊肉

五、狗肉

宴席上摆狗肉——少见。

卖狗肉进寺院——胡来。

吃：叫花子吃狗肉——块块好。

　　济公吃狗肉——不管清规戒律。

　　和尚吃狗肉——开不得口。

速记：宴席上卖狗肉吃

歇后语 快速记忆法

■ 瓜类水果

一、西瓜
龅牙啃西瓜——条条是道。
丢了西瓜捡芝麻——因小失大。
芝麻地里种西瓜——有大有小。
快刀切西瓜——一分为二。
大热天捧个烂西瓜——想扔舍不得。
大下巴吃西瓜——滴水不漏。
速记：龅牙捡芝麻，快捧吃

二、哈密瓜
秋后的哈密瓜——甜透了。
新疆的哈密瓜——甜甜蜜蜜。
吐鲁番的哈密瓜——甜得很。
速记：秋后新疆吐鲁番

三、香瓜
庄稼佬吃香瓜——专挑大的摸。
甘蔗林里种香瓜——从头甜到脚。
厕所里吃香瓜——不对味。
落蒂的香瓜——熟透了。
速记：庄稼佬甘蔗林厕所里吃落蒂的香瓜

四、甜瓜
路旁吃甜瓜——甩种。
吃甜瓜不吃籽——留种。
速记：路旁吃甜瓜不吃籽

■ 柑橘类水果

一、柑
红布包柑橘——里外都红。
柑子树上结石榴——不对头。
速记：红布包石榴

二、橘
砍树吃橘子——不顾根本。
苗橘打狼——两头怕。
吃橘子——吃里扒外。
速记：砍狼吃橘子

三、橙
萝底橙——冇人要。
箩底的橙子——全是丑的。

四、柚
青柚子掉进潲水里——又酸又涩。
吃黄连拌苦柚——说不出甜话来。
速记：青柚子掉苦柚

五、柠檬
喝了柠檬水——心里酸溜溜的。
柠檬拌姜——又酸又辣。
速记：喝了柠檬水拌姜

歌后语 快速记忆法

■ 浆果类水果

一、葡萄

叫花子吃葡萄——穷酸。

李子掺着葡萄卖——有大有小。

冬天吃葡萄——寒酸。

不搭棚的葡萄——不摆架子。

癞蛤蟆上葡萄树——粗人吃细粮。

狐狸摘葡萄——手还不够长。

速记：叫李冬不癞狐狸

二、香蕉

香蕉树影——粗枝大叶。

吃香蕉剥皮——吃里扒外。

速记：香蕉树影吃香蕉

三、草莓

宝塔上的草莓——看得见，吃不到。

四、柿子

武大郎卖柿子——人熊货软。

八月的柿子——越老越红。

半夜吃柿子——专拣软的捏。

速记：武大郎八月吃柿子

食物

五、石榴

八月的石榴——满脑袋的点子。

歪嘴吃石榴——尽出歪点子。

速记：八月歪嘴吃石榴

六、猕猴桃

一棵树上的猕猴桃——有大有小。

■ 仁果类水果

一、枇杷

枇杷木做扁担——担不能担，抬不能抬。

枇杷叶——一面毛，一面光。

速记：枇杷木、枇杷叶

二、山楂

秋后的山楂果——里外红。

醋泡山楂——酸上加酸。

速记：秋后醋泡山楂

三、苹果

左手苹果右手梨——不知哪个（果）好。

纸上画苹果——好看不好吃。

熟透的苹果——红得发紫。

速记：左手画熟透的苹果

四、梨

梨树底下摸帽子——惹人怀疑。

哀梨蒸食——可惜了好东西。

黄花梨木当柴烧——不识货。

速记：梨树底下食黄花梨

食物

■ 核果类水果

一、樱桃

屎壳郎爬上樱桃树——想提高口味。

猴子爬上樱桃树——粗人吃细粮。

速记：屎猴爬上樱桃树

二、桃

二月间的桃子——不熟。

半夜起来摘桃子——按着大的捏。

光棍栽桃树——自食其果。

不栽果树吃桃子——坐享其成。

速记：二月半光棍不栽果树

三、杏

秀才卖杏——穷酸样。

一枝红杏出墙来——对外开放。

芝麻掉进杏筐里——不显眼。

杏花村的酒——后劲大。

树上的烂杏——数它坏。

速记：秀才卖一芝杏花树

四、梅

醋娘子吃青梅——酸上加酸。

满树的青梅——一个也不熟。

口渴吃酸梅——对味。

歇后语 快速记忆法

吃着梅子问酸甜——明知故问。
吃了生杨梅——酸溜溜。
速记：醋娘子满口吃杨梅

五、橄榄
橄榄屁股——坐不稳。
橄榄核垫床脚——横竖都不好。
速记：橄榄屁股垫床脚

六、枣
放羊娃打酸枣——捎带活。
看枣树纳鞋底——两不误。
戏园里的枣木梆子——天生挨揍。
有枣无枣打一棒——试试看。
一棵枣树上的刺——个个刺手。
冲着柳树要枣吃——有意为难。
东家瓜，西家枣——没话找话。
打：打枣顺带捉知了——一举两得。
　　打个巴掌再给个甜枣——堵嘴。
速记：放羊娃看戏，有一刺冲着东家打

七、李
隔山摘李子——相差蛮远。
背阴李子——酸透了。
三个钱一个李子——哪个不知哪个底。
瓜田不纳履，李下不整冠——避嫌。
速记：隔山背三瓜

■ 瓜类蔬菜

一、黄瓜

八月的黄瓜棚——空架子。

一天卖三根黄瓜——发不了大财。

半夜摘黄瓜——不分老嫩。

黄瓜敲木钟——一声不响。

黄瓜当棒槌——越打越短。

黄瓜秧上结苦瓜——孬种。

速记：八月一天半夜，木棒结苦瓜

二、南瓜

南瓜秧牵上葡萄树——胡搅蛮缠。

南瓜叶揩屁股——两面不讨好。

南瓜花炒鸡蛋——正配色。

南瓜地里栽地瓜——扯来扯去。

叫花子捡了个大南瓜——发财也不大。

速记：秧叶花地捡南瓜

三、冬瓜

西瓜地里结冬瓜——变种。

冬瓜结到茄子地——走错了人家。

速记：西瓜地里结茄子

歇后语 快速记忆法

四、丝瓜

牵藤的丝瓜——离不开架。

丝瓜头敲锣——一锤子买卖。

速记：牵藤的丝瓜敲锣

五、苦瓜

哑巴吃苦瓜——说不出的苦。

菜园里的苦瓜——越老心越红。

黄连树下种苦瓜——苦生苦长。

速记：哑巴吃菜园里的黄连

■ 茄果类蔬菜

一、茄子

高粱秆结茄子——不可思议。

肚脐眼里长茄子——多心。

半夜摘茄子——有一个是一个。

偷茄子带摘葫芦——两不耽误。

茄子地里说黄瓜——想啥说啥。

速记：高肚半夜偷茄子

二、西红柿

六月的西红柿——又酸又贱。

秋后的西红柿——里外红。

烂了的西红柿满街送——不识时务。

速记：六月秋后满街送

三、辣椒

高山头种辣椒——红到顶了。

辣椒戴帽子——红人。

关门炒辣椒——够呛。

炸煳的辣椒拌醋糖——苦辣酸甜咸样样全。

红糖拌辣椒——不是滋味。

吃辣的送辣椒，吃甜的送蛋糕——投其所好。

速记：高帽子关门炸红糖吃

菌类和豆类蔬菜

一、蘑菇

山顶上的蘑菇——根子硬。

岩缝里长蘑菇——憋出来的。

牛粪堆上的蘑菇——好看不好吃。

鬼蘑菇充灵芝——长得像。

速记：山顶上的蘑菇岩牛鬼

二、木耳

木耳烧豆腐——黑白分明。

三、扁豆

扁豆绕在竹竿上——有依靠。

四、豆角

隔夜的豆角——一肚子气。

七月十五种豆角——没结果。

速记：隔夜种豆角

■ 根茎类蔬菜

一、萝卜

拔了萝卜有个坑——没有白费力。

满园的萝卜——个个想出头。

空心萝卜——中看不中用。

红萝卜雕花——中看不中吃。

红萝卜刻娃娃——红人。

快刀切萝卜——干脆。

萝卜干当人参——不识货。

速记：拔了满园的空心萝卜，雕刻切人参

二、藕

池塘里的藕——心眼儿多。

打横切莲藕——太多心。

坐在磨子上吃藕——想转了，看穿了。

速记：池塘里打坐

三、山药

石缝里的山药——两头受挤。

八十斤的菜山药——块大。

速记：石缝里的菜山药

歇后语 快速记忆法

四、葱

冬天的大葱——皮干叶烂心不死。

屋檐下的大葱——心不死。

剥葱捣蒜——干的小事。

速记：冬天屋檐下剥葱捣蒜

五、姜

千年胡椒万年姜——越老越辣。

老鼠搬姜——劳而无功。

咬口生姜喝口醋——尝尽辛酸。

秤称萝卜秤称姜——一心（星）挂两头。

卖了生姜买蒜吃——换换口味。

炒花生煮姜汤——吃香的，喝辣的。

黄连拌生姜——辛苦了。

速记：千年老鼠咬秤卖炒黄连

六、蒜

庄稼佬不认得水仙——好大的蒜头。

猴儿吃大蒜——不是滋味。

吃过三斤老蒜头——好大的口气。

花生壳，大蒜皮——一层管一层。

茶壶里栽大蒜——一根独苗。

速记：庄稼猴吃花茶

■ 叶菜类蔬菜

一、菠菜

菠菜煮豆腐——一清（青）二白。

菠菜白菜一锅煮——亲上加亲。

速记：煮豆腐一锅

二、白菜

园地里挖白菜——斩草除根。

堆白菜，码大葱——一码是一码。

过了春的大白菜——不吃香了。

萝卜白菜——各有所爱。

白菜叶子炒大葱——亲上加亲。

速记：园地里堆过的萝卜白菜炒大葱

三、蒿菜

王母娘娘吃蒿菜饭——想野味。

四、油菜

油菜开花——不怕霜打。

五、苋菜

五月的苋菜——正在红中。

苋菜打汤——鲜红。

速记：五月的苋菜打汤

歇后语快速记忆法

六、韭菜

春天的韭菜——一时新鲜。

麦田里的韭菜——难分色。

豆腐炒韭菜——清清白白。

炒韭菜放葱——白搭。

韭菜煎蛋——家常便饭。

速记：春麦炒韭菜放蛋

> 食物

■ 奶油

一、奶

婴儿饿肚皮——有奶便是娘。

姑娘穿她奶奶的鞋——老样子。

又想要公羊，又盼有奶喝——难两全。

揭：白水锅里揭奶皮——办不到。
　　　开水锅里揭奶皮——白费劲。

奶妈抱孩子——人家的。

速记：婴姑又想揭奶妈

二、油

聋子打翻了哑巴的油瓶——说不清楚。

打油钱不买醋——专款专用。

滚油锅里炸油条——翻来覆去。

从糠里熬出油来——是把好手。

麻油煎豆腐——下了大本钱。

凡士林涂嘴巴——油腔滑调。

速记：聋子打滚来麻凡

113

歇后语快速记忆法

■ 脂类食物

一、瓜子

百年的瓜子,千年的树——根深蒂固。

瓜子请客——破费不大。

走道嗑瓜子——两不耽误。

饿肚汉嗑瓜子——不过瘾。

坐马桶嗑瓜子——入不敷出。

速记:百瓜走饿坐马桶

二、花生

八月十五种花生——瞎指挥。

买花生找不着秤——乱抓。

四大天王抓花生——大出手。

花生开花——落地生根。

速记:八月十五买大花生

三、芝麻

棉花地里种芝麻——一举两得。

芝麻地里种西瓜——有大有小。

倒翻了芝麻担——难以收场。

不种芝麻不养蚕——无忧(油)无愁(绸)。

速记:棉麻地里倒翻蚕

四、核桃

核桃树旁种棉花——软硬兼施。

瓦罐里锤核桃——一锤子买卖。

秤砣砸核桃——看他（它）硬到几时。

提着口袋倒核桃——一个不剩。

人头上砸核桃——欺人太甚。

拳头砸核桃——吃亏是自己。

速记：树旁锤秤提人拳

■ 饭、稀饭、米汤、汤圆

一、饭

饭后的粑粑——可有可无。

吃一升米的饭，管一斗米的事——管得宽。

吃霸王的饭，给刘邦干事——不是真心。

吃了早饭睡午觉——乱了时辰。

速记：饭后吃一升霸王的早饭

二、稀饭

大年三十晚上熬稀饭——年关难过。

玉皇大帝吃稀饭——装穷。

老婆婆喝稀饭——无耻（齿）下流。

卖稀饭的建楼——熬出来的。

速记：大年三十吃喝卖稀饭

三、米汤

苍蝇落在米汤里——糊涂虫。

吃饭泡米汤——喝粥的命。

喝米汤划拳——图热闹。

舀米汤洗澡——尽办糊涂事。

缺口碗盛米汤——放任自流

速记：苍蝇吃喝洗碗

食物

四、汤圆

瞎子吃汤圆——心中有数。

甜酒里面煮汤圆——吃吃喝喝。

汤圆滚进鸡汤里——混蛋一个。

汤圆落在灶炕里——洗不清。

汤圆掉在稀饭里——糊涂蛋。

速记：瞎子煮汤圆，滚落掉

■ 豆腐、豆腐干、豆腐脑、豆腐渣

一、豆腐

刀子嘴豆腐心——嘴硬心软。

冬天进豆腐房——好大的气。

吃豆腐怕扎牙根——小心过分。

白水煮豆腐——淡而无味。

速记：刀子嘴冬天吃白水

二、豆腐干

豆腐干炒韭菜——有言（盐）在先。

豆腐干煮猪肉——有荤有素。

速记：豆腐干炒猪肉

三、豆腐脑

豆腐脑儿摔地上——一塌糊涂。

豆腐脑儿洒地上——难收拾。

速记：豆腐脑儿摔洒地上

四、豆腐渣

豆腐渣装皮箱——冒充好货。

豆腐渣上供——糊弄神仙。

豆腐渣炒樱桃——有红有白。

豆腐渣擦屁股——没完没了。

速记：装上樱桃擦屁股

■ 猪头、猪蹄、肥肉、骨头

一、猪头

四个菩萨仁猪头——哪有你的份。

臭猪头碰到烂菩萨——两相合适。

花椒煮猪头——肉麻。

和尚吃猪头——破戒。

三个钱买个猪头——就是一张嘴。

马脸比猪头——一个比一个丑。

速记：四个臭花和尚买马脸

二、猪蹄

油灯上炖猪蹄——慢慢来。

拉屎啃猪蹄——亏他张得开嘴。

坐飞机啃猪蹄——这把骨头不知往哪扔。

速记：油灯上炖猪蹄、啃猪蹄

三、肥肉

一块肥肉藏在饭碗底——有人情显不出来。

吃着肥肉唱歌——油腔滑调。

到手的肥肉换骨头——心不甘。

速记：一块肥肉吃到手

119

歇后语快速记忆法

四、骨头

案板上砍骨头——干干脆脆。

不啃骨头吃豆腐——吃软不吃硬。

见狗扔骨头——投其所好。

生就的骨头长就的肉——定了。

肉骨头打狗——有去无回。

速记：案板上不见生肉

食物

■ 冰棍、冰棒

一、冰棍

三伏天的冰棍——人人喜欢。

三九天的冰棍——没人理。

寒天吃冰棍——心里有火。

吃冰棍：吃冰棍拉家常——冷言冰语。
　　　　吃冰棍烫死人——太玄了。

速记：三伏三九寒天吃冰棍

二、冰棒

冬：冬天吃冰棒——不看节气。
　　冬天贩冰棒——不懂买卖经。

油煎冰棒——一场空。

肚脐眼里插冰棒——寒心。

屁股里插冰棒——凉了半截。

嘴里吃冰棒——净讲风凉话。

热天吃冰棒——冷在心里。

速记：冬煎肚屁嘴里热

■ 饭馆、饭桌、饭碗

一、饭馆

老寡妇嫁到饭馆里——讲吃不讲穿。

半夜下饭馆——吃闭门羹。

开饭馆不怕大肚汉——越多越好。

饭馆门前摆粥摊——抢人生意。

饭馆里卖服装——有吃有喝。

速记：老寡妇半夜开饭馆，摆卖服装

二、饭桌

屎壳郎上饭桌——恶心。

饭桌上的抹布——尝尽了酸甜苦辣。

摆在饭桌上的鱼——跑不了。

饭桌上的盘子——没把柄。

速记：屎壳郎抹鱼盘子

三、饭碗

牛皮饭碗——打不破。

东家的饭碗——难端。

捧着金碗讨饭吃——装穷叫苦。

敲着饭碗讨吃的——穷得叮当响。

木匠师傅夺斧子——砸人饭碗。

苍蝇落到饭碗里——恶心。

速记：牛东家捧着金碗，敲砸苍蝇

(食物)

■ 叫花子、讨饭、打牙祭

一、叫花子
叫花子看外婆——两手空。
叫花子赶街——分文没有。
叫花子坐金銮殿——一步登天。
叫花子请客——穷大方。
王宝钏爱上叫花子——有远见。
叫花子拉二胡——穷快活。
叫花子跳井——穷途末路。
速记：外婆赶金客，王二跳井

二、讨饭
大姑娘讨饭——拉不开脸面。
灶神爷讨饭——装穷。
端金碗讨饭——装穷。
讨饭的掉泪——哭穷。
讨饭的摆酒席——穷排场。
讨饭的盖大门楼——阔气了。
讨饭的找马骑——不识时务。
讨饭的捡黄金——喜出望外。
讨饭的唱大戏——穷开心。
速记：大爷端掉酒楼，找金戏

三、打牙祭
一家人五更打牙祭——没外人。
正月十五打牙祭——一年一回。
梦里打牙祭——想得香。
速记：一家人正月十五梦里打牙祭

■ 面、面粉、面条、面包

一、面

大风天卖炒面——吹了。

大风天吃炒面——不好张口。

案板上的擀面杖——光棍一条。

棒子面做蛋糕——不是正经材料。

速记：大风天案板上的棒子面

二、面粉

两扇磨磨面粉——缺一不可。

麻袋装面粉——浪费太大。

湿手抓面粉——沾（占）小便宜。

卖面粉遇大风——倒霉透了。

面粉掺石灰——密不可分。

发酵的面粉——气鼓气胀。

三分面粉七分水——十分糊涂。

七斤面粉调了三斤糨糊——尽办糊涂事。

速记：磨装抓卖掺石灰，发酵的面粉三分七

三、面包

老俄卖面包——没有法子。

武大郎卖面包——人土货洋。

速记：老武卖面包

食物

四、面条

拿根面条去上吊——死不了人。

二分钱买碗面条——小吃小喝。

粉丝汤里下面条——纠缠不清。

缺牙婆吃面条——拖进拖出。

速记：拿二分钱下面条吃

包子、馒头

一、包子

三斤面包个包子——皮厚。

锅里的包子——争（蒸）上了。

黄泥巴做馍馍——土包子。

肉包子打狗——有去无回。

包子里面加砒霜——陷（馅）害人。

包子好吃——不在褶上。

包子张嘴——露馅了。

速记：三锅黄肉包子

二、馒头

发面馒头送闺女——实心实意。

破蒸笼蒸馒头——气不打一处来。

新娘子咬生馒头——人生面不熟。

馒头里边包豆渣——旁人不夸自己夸。

蒸笼里的馒头——自我膨胀。

走路拾馒头，摔跤捡票子——尽想好事。

吃个馒头就饱——没肚量。

速记：发面蒸新包的馒头，走路吃

■ 烧饼、煎饼、饺子

一、烧饼

镜子里：镜子里的烧饼——不能充饥。
　　　　镜里烧饼水中月——看看算了。
做烧饼：捡来麦子做烧饼——无本的买卖。
　　　　做烧饼的卖汤圆——多面手。
买：三分钱买烧饼看厚薄——小气鬼。
　　三分钱买个烧饼——也要看看厚薄。
卖：敲锅盖卖烧饼——好大的牌子。
吃：厕所里吃烧饼——不好开口。
　　吃烧饼掉芝麻——免不了。
速记：镜子里做烧饼买卖吃

二、煎饼

巴掌上摊煎饼——好手。
大拇指卷煎饼——自己吃自己。
速记：巴掌上卷煎饼

三、饺子

莲花池里下饺子——水分太多。
茶壶里煮饺子——有货倒不出。
葫芦瓢捞饺子——滴水不漏。
大年三十吃饺子——没外人。
过年吃饺子——都是一家人。
光吃饺子不拜年——装傻。
饺子铺的酱油——白给。
速记：莲花茶葫吃光油

■ 吃饭、吃肉、吃药

一、吃饭

当和尚不敲钟——白吃饭。

出家人吃饭——不动荤（荤）。

耗子请猫吃饭——找死。

三陪小姐陪吃饭——白吃白喝。

十五个人吃饭——七嘴八舌。

一个锅里吃饭——不分彼此。

人家吃饭你借碗——不看时候。

吃饭住旅店——啥事不管。

吃饭泡米汤——喝粥的命。

吃饭咬舌头——不是成心的。

速记：和尚出家，请三十一人吃饭

二、吃肉

和尚不吃肉——在鼓上出气。

嘴吃肉，手沾油——受连累。

大年三十吃肉——还用你说。

端起碗吃肉，放下碗骂娘——忘恩负义。

狗行千里吃屎，狼行千里吃肉——本性难移。

速记：和尚嘴大端起狗

三、吃药

张生的病——吃药没用。

小孩子不吃药——尝过苦头了。

得病不吃药——看你怎么熬。

病重不吃药——等死。

无病吃药——自讨苦吃。

恨病吃药——没得法。

武大郎吃药——吃也死,不吃也死。

速记:张小得病无恨武

喝水、喝茶、喝酒

一、喝水

抱着茶壶喝水——嘴对嘴。

牛不喝水强按头——来硬的。

喝水塞牙缝，放屁扭了腰——该倒霉。

蚂蚁喝水——点滴就够了。

大象喝水——有肚量。

小鱼喝水——有进有出。

速记：抱牛喝水蚂大小

二、喝茶

淹死鬼不喝茶——接受教训。

喝茶拿筷子——摆设。

速记：淹死鬼喝茶拿筷子

三、喝酒

梁山好汉喝酒——大腕（碗）。

酒糟鼻不喝酒——徒有虚名。

跟着老爷喝酒——沾光。

唱戏的喝酒——做样子。

关公喝酒——不怕脸红。

爱喝酒的不给烟——投其所好。

喝：喝酒不用杯——胡（壶）来。

喝酒不吃菜——各人心里爱。

喝酒穿皮袄——里外发烧。

速记：梁酒跟唱关爱喝

■ 打哈欠、打喷嚏、打饱嗝

一、打哈欠

狐狸精打哈欠——妖里妖气。

猴子打哈欠——沉不住气。

苍蝇打哈欠——没好气。

乌贼打哈欠——没骨气。

蝎子打哈欠——毒气冲天。

屎壳郎打哈欠——一张臭嘴。

蚂蚁打哈欠——好大的口气。

速记：狐猴蝇贼蝎屎蚂

歪嘴打哈欠——邪（斜）气。

哑巴打哈欠——忍气吞声。

眨眼打哈欠——扬眉吐气。

棺材里打哈欠——阴阳怪气。

临死打哈欠——张嘴晚了。

速记：歪嘴哑巴眨棺死

孔夫子打哈欠——满口书生气。

如来佛打哈欠——服（佛）气。

叫花子打哈欠——其乐无穷。

王二麻子打哈欠——全面动员。

土地菩萨打哈欠——神气。

速记：孔夫子来叫王土

速记总结：狐猴歪嘴叫王土

歇后语 快速记忆法

二、打喷嚏

苏妲己打喷嚏——妖气。

观音菩萨打喷嚏——好神气。

如来佛打喷嚏——非同小可。

屙屎打喷嚏——两头背时。

放屁打喷嚏——两头没好气。

拉胡琴打喷嚏——弦外之音。

抱着香炉打喷嚏——碰一鼻子灰。

对着牛嘴打喷嚏——吹牛。

蝗虫打喷嚏——满嘴庄稼气。

眼镜蛇打喷嚏——满嘴放毒

速记：苏观如屙屎放屁，拉抱牛蝗眼

三、打饱嗝

钟馗打饱嗝——肚里有鬼。

空肚打饱嗝——硬撑脸面。

老鹰打饱嗝——鸡儿吃多了。

放屁打饱嗝——上下通气。

速记：钟馗空肚老放屁

■ 厨房、锅、灶

一、厨房

大师傅进厨房——来了内行。

王母娘娘下厨房——亲自动手。

除夕进厨房——你忙我也忙。

出了厨房进冰窖——忽冷忽热。

里：厨房里的灯笼——常常受气。

厨房里的灶——时冷时热。

厨房里的垃圾——鸡毛蒜皮。

厨房旁边盖茅厕——香香臭臭。

速记：大王除夕出里边

二、锅

炊事员行军——替别人背黑锅。

打火机点烟袋锅——土洋结合。

架着的锅，点着的火——样样现成。

出门逢债主，回屋难揭锅——内外交困。

吹灯拔蜡踩锅台——一切都完了。

废品堆里的铁锅——破烂货。

补锅匠揽瓷器活——充内行。

速记：炊事员打架，出门吹灯，废品补锅

三、灶

灶王爷不在家——没主事的人。

湿灶烧湿柴——有火发不出。

歪锅配扁灶——两将就。

灶门前拿竹筒——吹了。

灶旁的风箱——煽风点火。

厨师搬家——另起炉灶。

速记：灶王湿灶歪锅，灶门旁另起炉灶

■ 厕所、茅房、茅坑

一、厕所

苍蝇围着厕所转——臭味相投。

厕所里吃烧饼——不好开口。

厕所里打架——往死（屎）里弄。

厕所里响唢呐——臭吹。

厕所里放屁——不知香臭。

厕所里扔炸弹——引起公愤（粪）。

厕所里埋地雷——激起公愤（粪）。

速记：苍蝇吃打响放屁，扔炸弹，埋地雷

二、茅房

茅房顶上立大旗——臭名昭彰。

茅房里放玫瑰花——显不出那点香味。

茅房里打灯笼——找屎。

茅房里开铺——离死不远。

茅房里磕头——臭讲究。

茅房里题诗——臭秀才。

茅房里吃甘蔗——越嚼越不是滋味。

新开的茅房——三天香。

饿狗上茅房——找死（屎）。

速记：茅房顶上放打开头诗，甘新上

135

三、茅坑

哈巴狗进茅坑——享不完的福。

蹲在茅坑问香臭——明知故问。

茅坑板子做棺材——臭了半辈子还装人。

茅坑里捡到的手帕——开不得口。

茅坑边上摔跤——离死不远。

拉不出屎怪茅坑——错怪。

速记：哈巴狗蹲在板里边，拉不出屎

食物

■ 屙屎、屙尿、放屁

一、屙屎

公鸡屙屎——头节硬。

狗咬屙屎人——忘恩负义。

半夜起来屙屎——等不得。

屙屎抓紧狗尾草——暗中使劲。

屙屎堵田缺——一举两得。

屙屎吃西瓜——不好开口。

屙屎嗑瓜子——不对味。

屙屎不带纸——想不开。

屙屎落塘撞死鱼——碰巧。

屙屎带放屁——顺便。

屙屎捡银子——碰上的财富。

速记：公狗半夜来抓堵，吃嗑不落带银子

二、屙尿

男：男人屙尿不撑手——放任自流。

　　男人屙尿擤鼻子——两头都捏倒。

女人屙尿——顺潮流。

水中屙尿——自己明白。

洗：屙尿洗萝卜——一方二便。

　　屙尿洗簸箕——假爱干净。

公鸡：公鸡不屙尿——各有各的窍。

　　　鸡不屙尿——自有门道。

　　　鸡屙尿——没见过。

速记：男女水中洗公鸡

三、放屁

矮子放屁——低声下气。

放屁：放屁拉抽屉——遮丑。

　　　　放屁咬紧牙——暗中使劲。

　　　　放屁砸了脚后跟——真倒霉。

吃辣椒放屁——带刺激味。

蚊子放屁——小气。

苍蝇放屁——吓唬哪一个。

脱裤子放屁——多此一举。

骑马放屁——两不分明。

被窝里放屁——独吞。

棺材里放屁——臭死人。

半天云里放屁——臭气熏天。

速记：矮子放屁吃蚊蝇，脱裤骑马被棺半天

人物

一、四大名著里的人物

《三国演义》

魏国有曹操、司马懿、蒋干。

蜀国有刘备，诸葛亮、庞统（刘备的两大军师），关羽、张飞、赵云、黄忠、马超（刘备的五虎上将）。

吴国有孙权、周瑜、鲁肃。

《水浒传》

宋江、卢俊义、林冲、鲁智深、武松、潘金莲、王妈妈、孙二娘、李逵、杨志、史进。

《西游记》

唐僧、孙悟空、猪八戒、沙和尚、白骨精。

《红楼梦》

贾宝玉、林黛玉、王熙凤、巧姐、刘姥姥。

二、历史人物

孔子、鲁班、秦琼、唐伯虎、姜子牙、西施、霸王（项羽）、王小二。

以上八个人名可简记为：孔鲁秦唐，**孔鲁秦唐，姜西楚霸王**

三、神话人物

玉皇大帝、王母娘娘、财神爷、菩萨、济公、阎王。

八仙过海人物：蓝采和、韩湘子、何仙姑、曹国舅、铁拐李、汉钟离、吕洞宾、张果老。

八仙可简记为：**蓝韩为何曹铁汉吕洞宾张望**

神话人物又可简记为：**玉爷菩公阎八仙**

四、非健康人群

傻子、秃子、癞子、麻子、瞎子、聋子、烂鼻子、酒糟鼻、哑巴、结巴、歪嘴、歪脖子、驼子、瘫子、瘸子、矮子。

五、称谓

1.爸爸、妈妈、儿子、女儿、孩子、哥哥、弟弟、姐姐、妹妹。

2.爷爷、奶奶、孙子、孙女、外公、外婆、外孙。

3.舅舅、舅妈、外甥、丈人、丈母娘、女婿。

4.男人、女人、丈夫、婆娘、新郎、新娘、光棍、寡妇。

六、职业

1.医生、郎中、厨子、裁缝、泥瓦匠。

2.小偷、婊子、和尚、唱戏、算命、太监、秀才。

以上七个职业可简记为：偷婊和唱命太秀

人物篇中的四大名著里的人物、历史人物、神话人物、非健康人群、称谓和职业可简记为：四大史神非健康称职

《三国演义》人物

一、刘备

刘备三上卧龙岗——就请你这个诸葛亮。

刘备当皇叔——时来运转。

刘备卖草鞋——本行。

刘备报仇——因小失大。

刘备取成都——不得已。

刘备曹操论英雄——各怀鬼胎。

刘备对孔明——言听计从。

速记：三皇卖报都英明

二、诸葛亮

诸葛亮六出祁山——劳而无功。

诸葛亮摆空城计——不得已。

诸葛亮吊孝——不是真心。

事后的诸葛亮——人人会做。

孔明夸诸葛亮——自夸自。

诸葛亮借东风——将计就计。

诸葛亮皱眉头——计上心来。

速记：六城孝事夸东眉

人物

三、庞统

庞统当知县——大材小用。

庞统到了落凤坡——在劫难逃。

曹操遇庞统——中了连环计。

孙权不用庞统——以貌取人。

刘备轻看庞统——以貌取人。

速记：庞统当到曹孙刘

四、关羽

关羽开刀铺——货真价实。

关羽说三国——光说过五关斩六将，不说败走麦城。

关羽走麦城——死到临头。

关羽失荆州——大意了。

关羽放屁——不知脸红。

关羽喝酒——不怕脸红。

关羽卖豆腐——人硬货不硬。

速记：刀说走失屁酒豆

五、张飞

李逵遇着张飞——你痛快我干脆。

张飞贩私盐——谁敢检查。

张飞扔鸡毛——有劲难使。

张飞打岳飞——乱了朝代。

张飞战关公——忘了旧情。

张飞穿针——粗中有细。

速记：李逵贩鸡打战针

143

六、赵云

赵云斩韩信——胡拉乱扯。

赵云救阿斗——拼老命。

赵云出兵——回回胜。

速记：赵云斩救兵

七、黄忠

黄忠上阵——老当益壮。

黄忠射箭——百发百中。

黄忠射关公——刀下留情。

速记：黄忠上阵，射箭射关公

八、马超

吕布战马超——不相上下。

许褚战马超——赤膊上阵。

曹操遇马超——割须弃袍。

速记：吕布许曹操

人物

一、曹操

曹操战宛城——大败而逃。

曹操打徐州——报仇心切。

曹操杀蔡瑁——操之过急。

说曹操，曹操就到——冤家路窄。

曹操吃鸡肋——食之无味，弃之可惜。

曹操八十万兵马过独木桥——没完没了。

曹操下江南——来得凶，败得惨。

速记：曹操战打杀，说吃八下

二、司马懿

司马懿之心——路人皆知。

司马懿进葫芦谷——绝处逢生。

司马懿破八卦阵——不懂装懂。

速记：司马懿进葫芦谷破八卦阵

三、蒋干

曹操背时遇蒋干，蚕豆背时遇稀饭——倒霉透了。

周瑜请蒋干——别有用心。

蒋干上东吴——自讨没趣。

蒋干盗书——上了大当。

速记：曹操请蒋干上东吴盗书

歇后语 快速记忆法

一、孙权

孙权嫁妹——赔了夫人又折兵。

孙权杀关羽送曹操——嫁祸于人。

速记：孙权嫁妹杀关羽

二、周瑜

周瑜暗算诸葛亮——计计落空。

周瑜归天——气死的。

周瑜讨荆州——费力不讨好。

周瑜打黄盖——两相情愿。

速记：周瑜暗算天，讨打

三、鲁肃

鲁肃宴请关云长——暗藏杀机。

鲁肃服孔明——五体投地。

鲁肃讨荆州——空手而去，空手而回。

速记：鲁肃宴请孔明讨荆州

■ 《水浒传》人物

一、宋江

宋江的军师——吴用。

宋江怒杀阎婆惜——迫不得已。

宋江三打祝家庄——里应外合。

宋江下梁山——及时雨来了。

宋江的眼泪——假仁假义。

速记：宋江的军师杀打下眼泪

二、卢俊义

卢俊义上梁山——不请自来。

三、林冲

林冲误闯白虎堂——上当受骗。

林冲到了野猪林——绝处逢生。

林冲看守草料场——英雄无用武之地。

林冲上梁山——逼出来的。

速记：林冲误闯野猪林，看上梁山

四、鲁智深

鲁智深出家——无牵无挂。

鲁智深倒拔垂杨柳——好大的力气。

鲁智深大闹野猪林——粗中有细。

鲁智深当和尚——半路出家。

速记：鲁智深出家拔垂柳，大闹和尚

五、武松

武松喝啤酒——不过瘾。

武松大闹十字坡——英雄不打不相识。

速记：武松喝啤酒，大闹十字坡

六、潘金莲

潘金莲的干娘——不出好主意。

潘金莲给武松敬酒——别有用心。

潘金莲立牌坊——假正经。

潘金莲的竹竿子——惹祸的根苗。

速记：潘金莲的干娘给武松立竹竿子

七、王妈妈

王妈妈的裹脚布——又长又臭。

王妈妈照应武大郎——不是好事。

速记：王妈妈的裹脚布照应武大郎

八、孙二娘

孙二娘的裹脚布——又长又臭。

孙二娘开店——谋财害命。

速记：孙二娘的裹脚布开店

九、李逵

李逵敬酒——非喝不可。

李逵打宋江——过后赔不是。

假李逵碰到真李逵——冤家路窄。

李鬼遇李逵——原形毕露。

速记：李逵敬打假李鬼

十、杨志
杨志卖刀——忍痛割爱。

十一、史进
史进认师父——甘拜下风。

歇后语 快速记忆法

■ 《西游记》人物

一、唐僧

唐僧娶媳妇——谣传。

经：唐僧念佛经——一本正经。

唐僧西天取经——多灾多难。

唐僧的肉——谁都想吃。

唐僧的眼睛——不认识好坏人。

唐僧的心胸——慈悲为怀。

唐僧的龙马——腾云驾雾。

速记：唐僧娶经，肉眼心龙

二、孙悟空

孙悟空坐天下——毛手毛脚。

孙悟空到了花果山——称心如意。

孙悟空被封了个弼马温——不知官大官小。

孙悟空的金箍棒——神通广大。

如来佛治孙悟空——强中还有强中手。

孙悟空七十二变——花样多。

二郎神斗孙悟空——你变我也变。

孙悟空赴蟠桃会——不请自来。

速记：孙悟空坐到封金，如变神桃

三、猪八戒

猪八戒戴耳环——自以为美。

猪八戒照镜子——里外不是人。

猪八戒吃人参果——食而不知其味。

猪八戒三十六变——没有一副好嘴脸。

猪八戒投胎——走错了门。

媳妇：猪八戒背媳妇——吃力不讨好。

　　　猪八戒做梦娶媳妇——尽想好事。

猪八戒进了女儿国——看花了眼。

猪八戒西天取经——三心二意。

速记：猪八戒戴耳环照吃，变态媳妇进西天

四、沙和尚

沙和尚挑行李——义不容辞。

五、白骨精

唐僧遇见白骨精——敌我不分。

白骨精给唐僧送饭——没安好心。

白骨精遇上孙悟空——原形毕露。

猪八戒见了白骨精——垂涎三尺。

速记：唐僧送饭遇孙猪

歇后语快速记忆法

■《红楼梦》人物

一、贾宝玉

贾宝玉见林妹妹——一见如故。

贾宝玉的通灵玉——命根子。

贾宝玉爱林妹妹——好梦难圆。

贾宝玉哭林妹妹——真心。

速记：贾宝玉见通灵玉爱哭

二、林黛玉

林黛玉的身子——弱不禁风。

林黛玉的性子——多愁善感。

林黛玉进贾府——谨小慎微。

林黛玉葬花——自叹命薄。

林黛玉焚诗稿——忍痛割爱。

速记：林黛玉的身性进花焚

三、王熙凤

王熙凤的为人——两面三刀。

王熙凤骂大街——好说不好听。

王熙凤弄权——聪明反被聪明误。

王熙凤管家——大有大的难处。

速记：王熙凤的为人骂弄管家

人物

四、巧姐
巧姐嫁给巧哥——巧上加巧。

五、刘姥姥
刘姥姥进大观园——眼花缭乱。
刘姥姥出大观园——满载而归。
速记：刘姥姥进出大观园

■ 历史人物

一、孔子

孔子穿西装——土洋结合。

孔子挎腰刀——能文能武。

孔子推磨——难为圣人。

门：孔子出门——三思而后行。

　　孔子门前卖《孝经》——班门弄斧。

　　孔子门前卖《论语》——自不量力。

孔子写信——不打草稿。

孔子拜师——不耻下问。

孔子教三字经——埋没人才。

速记：孔子装刀，推门写师经

二、鲁班

鲁班门前问斧子——讨学问来了。

鲁班拜师——精益求精。

鲁班儿子学木匠——一代传一代。

速记：鲁班门前拜儿子

三、秦琼

秦琼为朋友——两肋插刀。

秦琼卖马——忍痛割爱。

秦琼拜干爹——认错了人。

关公战秦琼——挨不上。

速记：秦琼为朋友卖马拜关公

四、唐伯虎

唐伯虎进宁王府——装疯卖傻。

唐伯虎卖画——默不出声。

唐伯虎点秋香——千方百计。

速记：唐伯虎进画点秋香

五、姜子牙

姜子牙开饭馆——鬼都不上门。

姜子牙开算命铺——生意兴隆。

姜子牙封神——自己没有份。

姜子牙做买卖——样样赔本。

姜子牙算卦——好准

速记：姜子牙开封做算卦买卖

六、西施

西施戴花——美上加美。

西施坐飞机——美上天了。

西施上磅秤——自称美女。

猪八戒拉着西施拜天地——压根不配。

情人眼里出西施——越看越好。

速记：西施戴花，坐上拉情人

七、霸王

霸王别姬——无可奈何。

霸王走乌江——穷途末路。

霸王请客——吃也得吃，不吃也得吃。

霸王敬酒——不干也得干。

速记：霸王别走，请客敬酒

八、王小二

王小二过年——一年不如一年。

王小二打秋千——上不着天，下不着地。

王小二的婆娘——好吃懒做。

王小二拉稀——泄私愤（粪）。

王小二做买卖——尽打如意算盘。

速记：王小二过年，打的拉买卖

■ 神话人物

一、玉皇大帝

玉皇大帝拜财神——有钱大三辈。

玉皇大帝屙尿——泄露天机（鸡）。

玉皇大帝吃稀饭——装穷。

玉皇大帝的姑娘——不愁嫁。

玉皇娶亲，阎王嫁女——欢天喜地。

玉皇大帝送祝米——天大的人情。

玉皇大帝招驸马——天大的喜事。

速记：财神屙尿吃稀饭，姑娘娶亲送驸马

二、王母娘娘

王母娘娘下厨房——亲自动手。

王母娘娘伸手——要风得风，要雨得雨。

王母娘娘戴茉莉花——喜欢这个调调。

王母娘娘吃蒿菜饭——想野味。

王母娘娘的蟠桃——再好也吃不到。

速记：王母娘娘下手，戴花吃蟠桃

三、财神爷

财神爷打官司——有钱就有理。

财神爷摆手——没钱。

财神爷敲门——天大的好事。

财神爷吹牛——有的是钱。

财神爷算账——钱少了。

财神爷要饭——装穷。

财神爷甩袖子——一个子儿都没有。

财神爷翻脸——不认账。

财神爷摸脑壳——好事临头。

财神爷戴乌纱帽——钱也有，权也有。

速记：打手敲门吹账，要甩翻壳帽

四、菩萨

观：观音菩萨——年年十八。

　　观音菩萨下人间——救苦救难。

　　观音菩萨坐轿子——靠众人抬举。

　　观音菩萨进澡堂——左右为难。

夫：屠夫拜菩萨——不知要念哪本经。

的：寺庙里的菩萨——坐的坐一世，站的站一生。

　　小庙里的菩萨——没见过大香火。

　　穷庙里的菩萨——空许愿。

泥：泥菩萨洗澡——越洗越脏。

　　泥菩萨过河——自身难保。

　　泥神笑土菩萨——你也好不了多少。

花：花生米雕菩萨——只有这点本钱。

香：檀香木雕菩萨——看是好看，灵就不灵。

速记：观夫的泥花香

人物

五、济公

济公走路——疯疯癫癫。

济公过日子——只讲吃，不讲穿。

济公的扇子——神通广大。

济公吃狗肉——不管清规戒律。

速记：济公走过，扇吃狗肉

六、阎王

大白天见阎王——活见鬼。

阎王招手——没得救。

阎王打瞌睡——点错了名。

病鬼碰着阎罗王——还有什么希望。

拜了观音拜阎王——上下讨好。

阎王爷下请帖——离死不远。

阎王爷拉家常——尽讲鬼话。

阎王写文章——鬼话连篇。

速记：大手打病鬼，拜请老子写文章

歇后语 快速记忆法

一、韩湘子

韩湘子拉着铁拐李——你吹我捧。

韩湘子的花篮——要啥有啥。

韩湘子出家——一去永不回。

韩湘子吹箫——不同凡响。

速记：韩湘子拉着花篮出吹箫

二、何仙姑

何仙姑要下凡——六神无主。

见了何仙姑叫舅妈——沾点仙气。

张天师戏何仙姑——两相情愿。

速记：何仙姑要见张天师

三、铁拐李

铁拐李帮忙——越帮越忙。

铁拐李背何仙姑——将就。

铁拐李葫芦里的药——医不好自己的病。

速记：铁拐李帮忙背葫芦

四、吕洞宾

吕洞宾推掌——出手不凡。

三个钱买个吕洞宾——别把神仙看轻了。

狗咬吕洞宾——不识好人心。

速记：吕洞宾推三狗

五、张果老

张果老闭着眼睛吃虱子——眼不见为净。

张果老骑毛驴——倒行逆施。

张果老卖寿星——倚老卖老。

速记：张果老闭眼，骑驴卖寿星

歇后语 快速记忆法

■ 非健康人群

一、傻子

傻子看戏——不明不白。

戏子装傻子——假糊涂。

傻子赶庙会——光图热闹。

傻子打老子——白挨。

傻子活了九十九——虚度年华。

傻子卖猪——一千不卖卖八百。

速记：傻子看戏赶打活猪

二、秃子

秃子当和尚——正好。

秃子不要笑和尚——脱了帽子都一样。

秃子捡梳子——没得用。

秃子争梳子——多余。

秃子头上的苍蝇——有目共睹。

秃子跟着月亮走——借光。

荞麦地里藏秃子——没有看出你来。

速记：和尚梳头走麦地

三、癞子

秃子笑癞子——一路的货色。

癞子做和尚——不费手续。

癞子头上抓痒——求之不得。

癞子长脚板疮——上下都有毛病。

癞子撑阳伞——无发（法）无天。

速记：秃和尚头脚撑阳伞

四、麻子

麻子搽粉——费料。

麻子的脸——尽是缺点。

麻子敲门——坑人到家了。

麻子打灯笼——观点鲜明。

王二麻子当军师——点子多。

何三麻子下汉口——都认得。

速记：麻子搽脸敲打王二何三

五、瞎子

王瞎子看告示——装模作样。

五吃：瞎子吃黄瓜——不分老嫩。

　　　瞎子吃羊肉——块块好。

　　　瞎子吃苍蝇——眼不见为净。

　　　瞎子吃汤圆——心中有数。

　　　黑瞎子吃人参——不知贵贱。

五打：瞎子打蚊子——白费力气。

　　　瞎子打婆娘——抓住不放。

　　　瞎子打瞌睡——不知不觉。

　　　瞎子打草鞋——摸也摸熟了。

　　　瞎子打哈哈——盲目乐观。

冲瞎子问路——找错了人。

瞎子背拐子过河——两全其美。

速记：王瞎子吃打问拐子

歇后语 快速记忆法

六、烂鼻子、酒糟鼻

烂鼻子闻猪头——不知香臭。

酒糟鼻不喝酒——徒有虚名。

七、聋子

聋子打翻了哑巴的油瓶——说不清楚。

聋子擂鼓，瞎子敲锣——各打各的。

聋子听戏，瞎子观灯——一无所获。

聋子见哑巴——不闻不问。

聋子面前夸海口——废话。

聋子看哑剧——正中下怀。

速记：聋子打鼓，听见夸哑剧

八、哑巴

哑巴被蜈蚣咬——痛不可言。

哑巴挨打——有苦难诉。

叫哑巴唱歌——强人所难。

哑巴娶老婆——喜在心里。

哑巴找到妈——没话说。

速记：哑巴咬打叫老妈

九、结巴

让结巴念绕口令——强人所难。

结巴讲话——反反复复。

结巴聊天——慢慢来。

速记：让结巴讲话聊天

人物

十、歪嘴

歪嘴当兵——马上丢人。

歪嘴照镜子——当面丢丑。

歪嘴吹号——正气不足,邪(斜)气有余。

歪嘴吃螺——以歪就歪。

速记:歪嘴当兵照吹吃

十一、歪脖子

歪脖子拉小提琴——两全其美。

歪脖子出征——扭头就走。

歪脖子看戏——斜眼瞧人。

天生的歪脖子——改不了。

歪脖子挂项链——不见得美。

歪脖子高粱——另一个种。

歪脖子树上结歪梨——不成正果。

速记:拉出看天挂高树

十二、驼子

驼子鞠躬——不用弯腰。

驼子打赤膊——当面现丑。

驼子捡针——伸手就是。

驼子坏了腰——卑躬屈膝。

驼子穿背心——遮不了丑。

驼子翻跟头——吃力不讨好。

驼子仰面睡——两头不着实。

165

歇后语 快速记忆法

十五个驼子睡一炕——七烘八翘。

驼子死了两头翘——又好气来又好笑。

生就的驼子——直不了。

速记：鞠躬打针坏背心，翻面睡炕死生成

十三、瘫子

瘫子请客——坐等。

瘫子捉坏蛋——靠不住。

瘫子挑水——担当不起。

瘫子掉进烂泥塘——不能自拔。

速记：瘫子请坏蛋挑水，掉进烂泥塘

十四、瘸子

瘸子背米送公粮——自动来的。

瘸子走路——恨地不平。

瘸子骑瞎驴——互相照应。

瘸子拜年——就地一歪。

瘸子演戏——不好下台。

速记：瘸子背走瞎驴，拜年演戏

十五、矮子

矮子看戏——人云亦云。

矮子踩高跷——取长补短。

矮子不吃馒头——想高（糕）。

矮子上楼梯——步步高升。

矮子面前说短话——惹人多心。

速记：矮子看戏，踩馒头上面

人物

■ 称谓

一、爸爸
巡警训爸爸——公事公办。
非洲爸爸玩蹦极——黑（吓）老子一跳。
速记：巡警训非洲爸爸

二、妈妈
孩子考妈妈——小题大做。
蝌蚪找妈妈——看哪个都不像。
速记：孩子找妈妈

三、儿子
张家的儿子李家养——大有名堂。
铁匠的儿子——就知道打打打。
抱着儿子拜天地——双喜临门。
和尚想儿子——下辈子的事。
速记：张铁匠抱和尚

四、女儿
女儿国办婚事——难得有一回。
女儿国招驸马——一厢情愿。
土地女儿嫁玉皇——一步登天。
嫁出去的女儿泼出去的水——收不回来。
速记：女儿国土地嫁女儿

五、孩子

拿菜刀哄孩子——不是闹着玩的。

给三岁孩子想媳妇——差半辈子。

前妻的孩子哄后娘——尽说瞎话。

下雨天打孩子——闲着也是闲着。

抱孩子进当铺——拿你不当人。

肚里的孩子自己生——谁也代替不了。

速记：拿给前妻打抱肚

六、哥哥

哥哥的岳母嫂嫂的娘——说话爱绕弯子。

三十年开花，四十年结果——老哥哥（果果）

三流子的哥哥——二流子。

速记：哥哥的岳母三十三

七、弟弟

大流子的弟弟——二流子。

王七的弟弟——王八。

曾老九的弟弟——曾老实（十）。

速记：大王曾老九

八、姐姐、妹妹

姐姐不出嫁——耽搁了妹妹。

姐姐做鞋——妹妹有样。

姐姐穿妹妹的鞋——一模一样。

速记：姐姐不做鞋，穿妹妹的鞋

九、爷爷

爷爷住茅屋，爸爸盖瓦房——一代比一代强。
老爷爷背儿媳妇过河——费力不讨好。
爷爷棉袄孙子穿——老一套。
老爷爷哄孙子——闹着玩的。
速记：茅屋背袄哄孙子

十、奶奶

八十岁奶奶搽胭脂——老来俏。
马奶奶比冯奶奶——差两点。
王奶奶比玉奶奶——差一点。
老奶奶吃软柿子——正好。
速记：八十岁马王吃软柿子

十一、孙子

儿媳妇怀孕——装孙子。
单身汉要抱孙子——想得太远了。
速记：儿媳妇抱孙子

十二、孙女

孙女给奶奶做鞋——老样子。
孙女穿她奶奶的鞋——老样子。
速记：孙女做鞋穿

十三、外公

看见外公叫爷爷——不识相。
外公死儿——没救（舅）。
速记：看见外公死儿

十四、外婆

外婆送亲——多此一举。

外婆打孩子——吓唬吓唬。

速记：外婆送亲打孩子

十五、外孙

外公招待外孙子——不用客气。

姥姥疼外孙——爱的是闺女。

速记：外公招待姥姥

十六、舅舅、舅妈

见了大官叫舅舅——想高攀。

见了何仙姑叫舅妈——沾点仙气。

十七、外甥

外甥做梦——念旧（舅）。

外甥打灯笼——照旧（舅）。

速记：外甥做梦打灯笼

十八、丈人

老和尚拜丈人——怪事。

师傅当丈人——亲上加亲。

死了丈人哭爹——随大流。

速记：老师傅死了

十九、丈母娘

丈母娘瞧女婿——越看越顺眼。

丈母娘夸女婿——好得很。

速记：丈母娘瞧夸女婿

二十、女婿

女婿花了丈人钱——没法算。

女婿哭丈人——驴子放屁。

速记：女婿花钱哭丈人

二十一、男人

大闺女找男人——甭愁。

光屁股男人坐石板——以卵击石。

男人奶头喂孩子——长不大。

速记：大闺女光屁股喂孩子

二十二、女人

女人N次离婚——前公（功）尽弃。

光屁股女人坐板凳——有板有眼。

大肚女人踩钢丝——铤而走险。

速记：离婚光屁股踩钢丝

二十三、新郎

新郎官揭盖头——真相大白。

唱戏的扮新郎——高兴一时是一时。

速记：新郎官揭盖头唱戏

歇后语 快速记忆法

二十四、新娘

新娘进了房，媒人扔过墙——忘恩负义。

新娘子坐花轿——头一回。

新娘子咬生馒头——人生面不熟。

张飞扮新娘——再装也不像。

速记：新娘进轿咬张飞

二十五、丈夫

丈夫坟头哭爹妈——上错了坟。

丈夫扇扇子——凄（妻）凉。

大丈夫做事——说干就干。

背着丈夫打酒喝——招待外人。

速记：丈夫坟头扇大背

二十六、婆娘

花子婆娘翻跟头——穷折腾。

痴汉等婆娘——一夜等天亮。

背着婆娘看戏——丢人又受累。

关灯打婆娘——暗里下手。

懒婆娘：懒婆娘的裹脚布——又臭又长。

懒婆娘干活——慢慢磨。

懒婆娘磨刀——快了。

懒婆娘做饭——一顿吃几顿。

吃死丈夫睡塌床——懒婆娘。

速记：花痴背打懒婆娘

二十七、光棍

光棍栽桃树——自食其果。

光棍种地——自食其力。

讨饭的搬家——光棍一条。

案板上的擀面杖——光棍一条。

光棍娶寡妇——两全其美。

光棍汉子出家门——无牵无挂。

老光棍当媒人——先人后己。

速记：栽种一条娶家当

二十八、寡妇

寡妇改嫁——另有新欢。

寡妇家的男用人——闲话多。

寡妇睡觉——上头没人。

寡妇进当铺——要人没人，要钱没钱。

寡妇梦丈夫——一场空。

寡妇看花轿——干着急。

寡妇生儿子——靠人家帮忙。

速记：嫁男睡铺梦花生

■ 职业

一、医生

华佗当医生——名副其实。

医生摆手——没治了。

医生开刀——尽往人的痛处挑。

精神病院的医生——不怕你发疯。

病好打医生——恩将仇报。

速记：华佗摆开精神病

二、郎中

郎中咬牙——恨人不死。

急惊风碰着个慢郎中——干着急。

郎中卖棺材——死活都要钱。

蹩脚郎中——头痛医头，脚痛医脚。

速记：郎中咬牙急卖脚

三、厨子

厨子搬家——另起炉灶。

厨子炒菜——添油加醋。

厨子拍屁股——坏了菜。

屎壳郎上灶——硬来充厨子

速记：厨子搬家炒屁郎

人物

四、裁缝

裁缝不带尺——存心不良（量）。

裁缝打狗——有尺寸。

裁缝干活——忘不了吃（尺）。

裁缝做嫁衣——替别人欢喜。

速记：裁缝不打干衣

五、泥瓦匠

泥瓦匠干活——拖泥带水。

泥瓦匠出身——和稀泥。

泥瓦匠砌墙——两面三刀。

速记：泥瓦匠干活出砌墙

六、小偷

小偷的婆娘当妓女——男盗女娼。

小偷进牧场——顺手牵羊。

小偷挨巴掌——活该。

小偷击鼓进大堂——恶人先告状。

速记：小偷的婆娘进埃击

七、婊子

婊子的肚子——上边常换人。

婊子招客——闲着也是闲着。

吊死鬼当婊子——死不要脸。

婊子立牌坊——假正经。

婊子裆下点灯——英（阴）明。

婊子到当铺——卖淫（银）。

速记：肚客吊死牌下铺

八、和尚

和尚拜丈人——没有这回事。

和尚看花轿——空欢喜。

和尚庙对着尼姑庵——没事也得有事。

和尚没当上，老婆没娶上——两头误。

和尚庙里借梳子——走错了门。

光头跑到和尚庙——充数。

速记：拜看尼姑没梳头

九、唱戏

唱戏的拜天地——一会儿的夫妻。

唱戏的穿龙袍——成不了皇帝。

唱戏的挨刀——无伤大体。

唱戏的吹胡子——假生气。

唱戏的喝酒——做样子。

速记：天龙挨刀胡喝酒

十、算命

八个钱算命——哪能包你。

算命先生当军师——瞎指挥。

速记：八个钱算命当军师

十一、太监

太监出家——诚心实意。

太监开会——无稽（鸡）之谈。

太监娶亲——空热闹。

太监跑到尼姑庵——大可放心。

速记：出家开会娶尼姑

十二、秀才

秀才不出门——便知天下事。

秀才当兵——能文能武。

考上秀才想当官，登上泰山想升天——贪得无厌。

秀才跳井——明白人办糊涂事。

速记：秀才不当兵想跳井

歇后语 快速记忆法

人体、生活

本篇介绍人体、人体俗称、日常生活和交通工具四个方面的歇后语。

人体有眼、耳、口、鼻、舌（统称五官）和胸、腹、腰、背、手、腿、脚。

人体俗称有脑壳、脸、脖子、腰杆、肚脐、屁股、巴掌、脚板。

日常生活有：刷牙、洗脸、洗脚、洗澡、电影、电视、瞌睡、睡觉。

另外，附加了关于"棺材"的歇后语。

交通工具有火箭、飞机、火车、汽车、轮船、自行车、骑马、骑牛、骑驴。

人体、生活

■ 人体

一、眼

大鸡不吃碎米——看不上眼。

闭眼吃虱子——眼不见为净。

闭眼撕皇历——瞎扯。

闭着眼睛哼曲子——心里有谱。

闭着眼睛下围棋——黑白不分。

速记：大鸡闭眼闭着眼

二、耳

捂着耳朵偷铃铛——自己骗自己。

掏耳朵用马勺——小题大做。

耳聋鼻塞嘴哑——一窍不通。

耳朵长在膝盖上——懒得听。

东西耳朵南北听——横竖听不进。

速记：捂掏耳聋长东西

三、口

百家姓不念第一字——开口就是钱。

单口相声——个人说了算。

肚脐眼里灌汤药——心服口不服。

吹口哨过坟场——自己给自己壮胆。

半天云里喊口号——呼声很高。

速记：百家单肚吹半天

179

四、鼻

鼻子：鼻子上抹蜜糖——干馋捞不着。

鼻子上安雷管——祸在眼前。

鼻子上生疮——眼前就是毛病。

鼻尖上落马蜂——明摆的威胁。

鼻梁上落马蜂——眼前受到威胁。

拉着耳朵擤鼻涕——胡扯。

鼻涕流到嘴巴里——各人吃各人的。

速记：鼻子尖梁拉鼻涕

五、舌

牙齿和舌头打架——伤不了和气。

吃饭咬舌头——不是成心的。

嚼烂舌头当肉吃——自己哄自己。

嘴巴是圆的，舌头是扁的——想怎么说就怎么说。

速记：牙齿吃饭嚼烂嘴巴

六、胸

老大哥拍胸脯——兄弟放心。

肚脐眼里长竹笋——胸有成竹。

开心：叫花子胸前挂钥匙——穷开心。

摸着胸口拿钥匙——寻开心。

三把钥匙挂胸膛——开心开心真开心。

速记：老肚开心

七、腹

剖腹藏珠——要财不要命。

空腹蒸馒头——早就等不及了。

肚皮上贴膏药——心腹之患。

速记：剖腹藏珠空肚皮

八、腰

腰里：腰里别个死耗子——冒充打猎人。

腰里别钢筋——腰杆子硬。

腰里挂算盘——光为自己打算。

腰间别雷管——没人敢惹。

半山腰里遭雨淋——上下两难。

弹簧身子蚂蟥腰——能屈能伸。

速记：腰里腰间半山弹

九、背

背婆娘看戏——丢人又受累。

背媳妇烧香——吃力不讨好。

背孩子爬山——要上都上。

背石头上山——自找麻烦。

背时的媒婆——两头挨骂。

速记：婆媳孩子石背时

十、手

赌徒手里的钱——留不住。

半路杀出个程咬金——措手不及。

壁虎掀门帘——露一小手。

丢下犁耙拿扫帚——里里外外一把手。

钝刀子杀猪——全靠手劲。

从糠里熬出油来——是把好手。

速记：赌徒路虎丢猪油

十一、腿

马屁精拍了马腿——倒挨一脚。

大腿上画老虎——吓不了哪一个。

蛤蟆垫桌腿——硬撑。

腿上的牛皮癣——顽固不化。

长颈鹿的脖子，仙鹤的腿——各有所长。

脚夫的腿，说书的嘴——练出来的。

兔子靠腿狼靠牙——各有各的谋生法。

拍大腿吓老虎——一点没用。

桌子光剩四条腿——丢面子。

速记：马大蛤腿上长脚，兔子拍桌子

十二、脚

跛脚穿花鞋——边走边瞧。

打死蚂蚁踩一脚——做得出来。

赤脚戴礼帽——顾头不顾尾。

放屁砸了脚后跟——真倒霉。

搬起石头砸自己的脚——自作自受。

穿靴子光脚——自己心里明白。

半天云里跑马——露马脚。

速记：跛脚打赤脚，放石光跑马

歇后语快速记忆法

■ 人体俗称

一、脑壳

和尚的脑壳——没法（发）。

打破脑壳充硬汉——活受罪。

狗脑壳戴乌纱帽——充什么大人物。

踩着脖子敲脑壳——太欺负人了。

城隍老爷剃脑壳——鬼头鬼脑。

速记：和尚打狗踩老爷

二、脸

狗脸不长毛——翻脸不认人。

老母猪和牛打架——豁出老脸来了。

大姑娘肿脸——难看。

嫦娥脸上长痣——美中不足。

脸蛋贴膏药——眼前就是毛病。

脸上贴膏药——面子上不好看。

速记：狗老大嫦贴膏药

三、脖子

脖子上安轴承——脑袋灵活得很。

脖子上插电扇——尽走上风。

脖子上挂镰刀——好险。

脖子上套绳子——找死。

扭着脖子想问题——尽是歪道理。

老母鸡下蛋——脸红脖子粗。

速记：安插挂套问老母

四、腰杆

蚯蚓上墙——腰杆子不硬。
烟鬼的腰杆——没劲。
腰里别钢筋——腰杆子硬。
腿杆子比腰杆子还粗——稳当得很。
速记：蚯蚓上墙鬼腰腿

五、肚脐

肚脐眼里插冰棒——寒心。
肚脐眼里生孩子——走近路。
肚脐眼里长茄子——多心。
肚脐眼里灌汤药——心服口不服。
肚脐眼里点眼药——心里有病。
肚脐眼安雷管——心惊肉跳。
肚脐眼巴膏药——贴心。
速记：冰棒生长灌点雷管药

六、巴掌

巴掌心里长胡子——老手。
巴掌心煎鸡蛋——巧手。
巴掌上摊煎饼——好手。
拍：议员拍巴掌——赞成。
　　半天云里拍巴掌——高手。
　　空手拍巴掌——一无所有。
　　秃子头上拍巴掌——正大光明。
　　剃头的拍巴掌——完事。
挨：王二麻子挨巴掌——打在点子上。
　　小偷挨巴掌——活该。
打：打个巴掌再给个甜枣——堵嘴。
　　巴掌打空气——劳而无功。
速记：心里心上拍挨打

歇后语 快速记忆法

七、脚板

脑壳上生疮，脚板心流脓——坏透了。
脚板底下长眼睛——没见过世面。
脚板上抹石灰——白跑。
脚板上抹猪油——溜之大吉。
速记：脑壳底下长石油

八、屁股

五的：老虎的屁股——摸不得。
　　　猴子的屁股——坐不住。
　　　大象的屁股——推不动。
　　　马蜂的屁股——碰不得。
　　　飞机的屁股——尾巴翘上了天。
揩：南瓜叶揩屁股——两面不讨好。
　　西瓜皮揩屁股——一塌糊涂。
　　绸子揩屁股——不惜代价。
擦：手榴弹擦屁股——危险。
　　豆腐渣擦屁股——没完没了。
　　麦糠擦屁股——自找麻烦。
车屁股安发动机——后劲大。
腿瘸头歪屁股肿——不是好人。
光：光屁股穿大褂——顾上不顾下。
　　光屁股打灯笼——自己献丑。
　　光屁股推磨——转圈丢人。
　　光屁股抬棺材——羞死人。
过河摸屁股——小心过度（渡）。
杀猪捅屁股——各有各的杀法。
放屁捂屁股——多加一分小心。
黄蜂叮屁股——有痛讲不出口。
床板夹屁股——有苦说不出。
速记：五的揩擦车腿光，过河杀猪放黄床

人体、生活

■ 日常生活

一、刷牙
早上没刷牙——嘴巴不干净。
三年不刷牙——一张臭嘴。
速记：早上三年不刷牙

二、洗脸
麻子洗脸——擦不干净。
苍蝇洗脸——假干净。
瞎子三天不洗脸——眼不见为净。
猫儿洗脸——一扫光。
包单布洗脸——大方。
棺材里洗脸——死要面子。
打个喷嚏洗洗脸——讲究过分。
速记：麻蝇瞎猫包里打

三、洗脚
过河洗脚——一举两得。
洗脚水倒在秧田里——物尽其用。
各人洗脚，各人上床——各管各。
速记：过河在秧田里各人洗脚

歇后语 快速记忆法

四、洗澡

寡妇洗澡——自摸。

舀米汤洗澡——尽办糊涂事。

黄河里洗澡——洗不清。

泥菩萨洗澡——越洗越脏。

黄连水洗澡——从头苦到脚。

速记：寡妇舀黄河泥水

五、电影

独眼龙看电影——一目了然。

瞎子看电影——白费工夫。

电影里的夫妻——假的。

电影里放电视——戏中有戏。

卓别林的电影——别具一格。

速记：独瞎夫妻放卓别林

六、电视

瞎子买电视机——给别人看的。

坐在屋里看电视——远在天边，近在眼前。

电视上的画面——说变就变。

电视广告上的美人——昙花一现。

速记：瞎子坐在屋里画美人

七、瞌睡

瞌睡碰着枕头——求之不得。

坐轿打瞌睡——不识抬举。

膝盖上打瞌睡——自己靠自己。

打瞌睡：周瑜打瞌睡——梦想荆州。

阎王打瞌睡——点错了名。

老虎打瞌睡——难得的机会。

速记：枕头坐膝打瞌睡

八、睡觉

寡妇睡觉——上边没人。

两口子背靠背睡觉——心不在一块。

夜猫子睡觉——睁只眼，闭只眼。

搂着金条睡觉——守财奴。

枕着扁担睡觉——想得宽。

趴在磨子上睡觉——想转了。

板凳上睡觉——翻不了身。

速记：寡妇两夜搂枕，趴在板凳上睡觉

附篇（棺材）

棺材

棺材铺：棺材铺的生意——赚死人的钱。

棺材铺的买卖——死活都要钱。

棺材铺的老板——想赚钱又不好说。

打开：打开棺材喊捉贼——冤枉死人。

打开棺材治好病——起死回生。

卖：郎中卖棺材——死活都要钱。

卖棺材的跺脚——恨人不死。

进：老虎进棺材——吓死人。

老鼠进棺材——咬死人。

搽粉进棺材——死要面子。

戴着面具进棺材——死不要脸。

攥着金条进棺材——舍命不舍财。

里：棺材里放屁——臭死人。

棺材里洗脸——死要面子。

棺材里伸手——死要钱。

棺材里打哈欠——阴阳怪气。

棺材里打架——死对头。

背：背起棺材过黄河——连后路都准备好了。

背着棺材上战场——往最坏处想。

抬：光屁股抬棺材——羞死人。

抬棺材的打哈哈——哭的哭，笑的笑。

速记：棺材铺打开卖，进里背抬

人体、生活

■ 交通工具

一、火箭

火箭加油——快上加快。

火箭上天——不翼而飞。

坐火箭上月球——远走高飞。

速记：火箭加油上天上月球

二、飞机

坐：西施坐飞机——美上天了。

捧着鲜花坐飞机——美上天了。

瞎子坐飞机——不知高低。

屎壳郎坐飞机——臭气熏天。

癞蛤蟆坐飞机——一步登天。

坐飞机啃猪蹄——这把骨头不知往哪扔。

坐飞机扔照片——丢人不知深浅。

坐着飞机想上月球——心比天高。

打飞机：导弹打飞机——同归于尽。

手枪打飞机——不顶用。

弹弓打飞机——差远了。

飞机上抬头望——天外有天。

飞机上点灯——高明。

飞机上钓鱼——差得远。

速记：坐打飞机抬点鱼

三、火车

叫花子坐火车——到哪儿算哪儿。

火车头没灯——前途无量（亮）。

进站的火车——吼得凶，跑得慢。

火车跑到马路上——出轨了。

急救车碰上救火车——急上加急。

骑着黄牛撵火车——差得远。

速记：坐头站，跑救牛

四、汽车

旅客上汽车——各就各位。

汽车赶火车——总差一截。

汽车开进死胡同——走错了道。

汽车头上的大眼睛——顾前不顾后。

坐汽车看风景——走着瞧。

汽车撞墙——走投无路。

汽车掉进烂泥坑——有力使不上。

汽车按喇叭——靠边站。

速记：旅客赶进头坐，撞掉喇叭

五、轮船

大轮船出海——畅行无阻。

大轮船抛锚——稳稳当当。

大轮船开进苏州河——转不过弯。

火车到站，轮船靠岸——停止不前。

速记：出海抛锚，苏州靠岸

六、自行车

自行车爆胎——泄了气。

自行车放了气门芯——松了一口气。

自行车走田坎——得过且过。

骑自行车过独木桥——小心翼翼。

速记：爆胎放气走过桥

七、骑马

人家骑马我骑驴，后边还有推车的——比上不足，比下有余。

坐轿闷得慌，骑马嫌摇晃——有福不会享。

骑马挑重担——还在马身上。

骑马不用鞭——全靠拍马屁。

骑马过独木桥——回头难。

骑马上天梯——回头见高低。

速记：人家轿重，不过天梯

八、骑牛

骑牛找牛——老糊涂。

骑牛追马——望尘莫及。

骑牛遇亲家——出丑偏遇熟人。

骑牛见亲家——凑巧。

速记：找牛追马，遇见亲家

九、骑驴

大肚老婆骑驴——靠前不行，靠后也不行。

醉汉骑驴——东倒西歪。

骑驴找驴——心不在焉。

顶着娃娃骑驴——多此一举。

速记：大肚醉汉找娃娃

歇后语 快速记忆法

节日、气候

本篇介绍节日、节日活动、四季、天气四个方面的歇后语。

节日及节日活动

除夕、大年三十、过年、年饭。

春节、正月初一、大年初一、拜年。

正月十五、元宵。

清明、上坟。

端午节、粽子。

八月十五、中秋节、月饼。

七夕、重阳。

四季及天气

春天、夏天、秋天、冬天。

三伏天、三九天。

热天、冷天。

大风、雨、雷、闪电、雪。

太阳、月亮、星星。

节日、气候

■ 节日及节日活动

一、除夕

元旦出门除夕回——满载而归。

除夕进厨房——你忙我也忙。

除夕拨算盘——满打满算。

除夕看日历——最后一天。

除夕夜上守岁——除旧迎新。

除夕晚上看月亮——不是时候。

除夕晚上投井——活得不耐烦了。

除夕晚上的案板——不得闲。

速记：元旦进算盘，看守晚投案

二、大年三十

大年三十买门神——不能再迟了。

大年三十卖门神——脱祸求财。

大年三十喂过年猪——来不及了。

大年三十吃肉——还用你说。

大年三十夜里晾衣服——今年不干明年干。

大年三十晚上熬稀饭——年关难过。

速记：买卖猪肉服稀饭

195

三、过年

老太婆过年——过一年少一年。

王小二过年——一年不如一年。

过年敲锅盖——穷得叮当响。

过年吃饺子——都是一家人。

过年的肥猪——早晚得杀。

速记：老王敲吃肥猪

四、年饭

三十夜里吃年饭——尽说好的。

三十晚上吃年饭——没外人。

除夕吃团年饭——皆大欢喜。

速记：夜晚吃团年饭

五、春节

春节前的年货——满街满巷。

春节后的水仙——没有市场。

速记：春节前后

六、正月初一

正月初一燕子进屋——兆头好。

正月初一卖门神——过时货。

正月初一过年——晚了。

正月初一见明月——机会难得。

速记：燕子卖过明月

七、大年初一

大年初一**翻**皇历——头一回。

大年初一见了**面**——尽说好话。

吃：大年初一吃饺子——随头年。

　　　大年初一吃面条——移风易俗。

大年初一逮**兔子**——有它过年，无它也过年。

速记：**翻面吃兔子**

八、拜年

五：老人家拜年——一年不如一年。

　　　老公公给儿媳妇拜年——岂有此理。

　　　爹爹给婆婆拜年——多此一举。

　　　新媳妇拜年——彬彬有礼。

　　　瘸子拜年——就地一歪。

四：鸡给黄鼠狼拜年——自投罗网。

　　　黄鼠狼给鸡拜年——没安好心。

　　　铁公鸡拜年——一毛不拔。

　　　狗熊拜年——不敢受这个礼。

拜年的**见**了面——你好我也好。

拜年不磕**头**——干什么来了。

电**话**拜年——两头方便。

速记：**五四拜年见头话**

九、正月十五

正月十五赶庙会——随大流。

正月十五看花灯——走着瞧。

正月十五放烟火——好景不长。

正月十五的月亮——光明正大。

正月十五打灯笼——年年都一样。

正月十五请财神——晚了半月。

正月十五贴春联——晚了半月。

速记：赶看放亮打请贴

十、元宵

正月十五的元宵——热门货。

猪血煮元宵——黑白分明。

茶壶里装元宵——有货倒不出。

正月十五卖元宵——抱成团。

八月十五吃元宵——与众不同。

速记：正月十五煮装卖吃

十一、清明

清明时节黄梅雨——年年如此。

清明节上坟——哄死人。

速记：清明时节上坟

十二、上坟

过年上坟——不好也得说好。

叫花子上坟——哭穷。

屎壳郎上坟——充孝子。

豆腐渣上坟——骗鬼。

夹着报纸上坟——给祖宗上政治课。

速记：过年叫郎豆报纸

十三、端午节

端午节贴春联——跟不上形势。

端午节拜年——不是时候。

端午节卖历书——过时货。

端午节赛龙舟——争先恐后。

端午节吃饺子——与众不同。

速记：春联拜年卖龙吃

十四、粽子

端午节包粽子——有棱有角。

端午节吃粽子——皆大欢喜。

速记：端午节包吃粽子

十五、月饼

八月十五的月饼——个个喜爱。

屎缸旁边吃月饼——难为你开口。

八月十五送月饼——赶在节上。

八月十五吃月饼——正是时候。

速记：八月十五旁边送月饼吃

十六、八月十五

八月十五种花生——瞎指挥。

八月十五捉兔子——有你过节，无你也过节。

八月十五过端阳——晚了。

八月十五办年货——赶早不赶晚。

月：八月十五的月亮——正大光明。

　　八月十五云遮月——扫兴。

　　八月十五无月光——不该咱露脸。

圆：八月十五桂花香——花好月圆。

　　八月十五团圆节——一年一回。

吃：八月十五吃饺子——破了常规。

　　八月十五吃元宵——与众不同。

　　八月十五吃粽子——不是时候。

　　八月十五吃月饼——正是时候。

速记：种兔过年月圆吃

十七、中秋节

中秋节赏桂花——花好月圆。

中秋节找月亮——正好。

速记：中秋节赏月亮

十八、七夕节

牛郎配织女——天生一对。

牛郎约织女——后会有期。

牛郎织女哭梁祝——同病相怜。

速记：牛郎配约哭梁祝

节日、气候

十九、重阳

九月初八过重阳——不到时辰。

九月初八问重阳——不久（九）。

速记：九月初八过问重阳

歇后语 快速记忆法

■ 四季

一、春天

春天的山茶花——一时鲜。

春天的韭菜——一时鲜。

春天的蜜蜂——闲不住。

春天的柳树枝——落地生根。

春天孩子脸——一天三变。

春天的气候——一天三变。

速记：山韭蜜柳孩子气

二、夏天

夏天的雨——说来就来。

夏天的袜子——可有可无。

夏天穿皮袄——不是时候。

夏天的棉衣，冬天的扇子——全用不上。

速记：夏天的雨袜穿棉衣

节日、气候

三、秋天

秋后：秋后的西红柿——里外红。
　　　　秋后的山楂果——里外红。
　　　　秋后的哈密瓜——甜透了。
　　　　秋后的辣椒——越发老辣。
　　　　秋后的螃蟹——没几天活头了。
　　　　秋后的知了——没几天叫头。
　　　　秋后的蚂蚱——蹦跶不了几天。
　　　　秋后的苍蝇——还能嗡嗡几天。

秋天的菊花——经得起风霜。
秋天刮北风——一天比一天凉。
速记：秋后菊花刮北风

四、冬天

冬天的：冬天的蟒蛇——有所无力。
　　　　　冬天的棕熊——睡不醒。
　　　　　冬天的青蛙——躲起来了。
　　　　　冬天的蚊子——销声匿迹。
　　　　　冬天的大葱——皮干叶烂心不死。
　　　　　冬天的梅花——独开天下。
　　　　　冬天的竹笋——出不了头。
　　　　　冬天的炉子——闲不住。
　　　　　冬天的扇子——尽受冷落。
　　　　　冬天的温度计——天天下降。
　　　　　冬天的豆腐房——好大的气。

冰：冬天吃冰棒——不看节气。
　　　冬天贩冰棒——不懂买卖经。

冬天的火炉，夏天的扇——人人喜欢。
冬天穿棉袄，夏天吃西瓜——什么时候说什么话。
速记：冬天的冰火炉穿棉袄

五、三伏天

三伏天的太阳——人人害怕。

三伏天刮西北风——莫名其妙。

扇：三伏天的电扇——忙得团团转。

　　三伏天借扇子——不识时务。

冰：三伏天的冰雹——来者不善。

　　三伏天的冰棍——人人喜爱。

　　三伏天的冰块——见不得阳光。

三伏天吃西瓜——痛快。

喝：三伏天喝冰水——正中下怀。

　　三伏天喝凉茶——正是时候。

三伏天穿皮袄——不是时候。

速记：太风扇冰吃喝穿

六、三九天

三九天开桃花——动了春心。

三九天卖凉粉——不识时务。

三九天的冰棍——没人理。

三九天扇扇子——心里有火。

三九天穿短衫——抖不起威风。

速记：开卖冰扇穿短衫

七、热天

热天吃冰棒——冷在心里。

热天穿皮袄——死要面子活受罪。

大热天捧个烂西瓜——想扔舍不得。

大热天下暴雨——长不了。

速记：热天吃穿捧暴雨

八、冷天

冷天戴手套——保守（手）。

冷天种草——死多活少。

冷天喝滚汤——热心。

速记：冷天戴种喝滚汤

歇后语快速记忆法

■ 天气

一、风

大风里骂聋子——白费力气。

大风天走独木桥——难过。

大风天吃炒面——不好张口。

大风担簸箕——不看时候。

大风吹倒帅字旗——出师不利。

大风吹倒梧桐树——自有旁人说短长。

刮大风戴草帽——谁招呼谁。

速记：聋子桥面担簸箕，吹草帽

二、雨

六月天的雨——有回数。

下雨：天要下雨，娘要嫁人——无可奈何。

　　　天要下雨鸟要飞——各随其便。

　　　串亲遇上下雨天——人不留客天留客。

　　　刮风扫地，下雨泼街——多余。

不下雨：隔道不下雨，隔村不死人——各有各的情况。

　　　　老天爷不下雨，当家的不说理——奈何不得。

　　　　干打雷不下雨——虚张声势。

　　　　不孝媳妇哭婆婆——干打雷不下雨。

趁着大雨泼污水——消（销）脏灭迹。

关节炎遇上阴雨天——老毛病又犯了。

气象大学毕业的——听风就是雨，见闪就是雷。

躲雨跳到河里——不是办法。

屋檐下避雨——躲过一时算一时。

速记：六月天下不下雨，大雨阴雨气躲避

节日、气候

三、雷

六月里的响雷——不稀奇。

腊月初三打春雷——少有的事。

半夜打雷心不惊——问心无愧。

雷公打架——闹得天翻地覆。

雷公放屁——不同凡响。

好心被雷打——冤枉。

速记：六腊月半夜打屁好

四、电

六月的闪电——眨眼不见。

打闪电战——速战速决。

速记：六月打闪电战

五、雪

麻姑娘搽雪花膏——观点模糊。

担雪填深井——白费工夫。

热中送扇，雪中送炭——急人之所急。

房顶落雪——无声无息。

冰天雪地发牢骚——冷言冷语。

太阳底下堆雪人——不长久。

大雪天赶兔子——一步一个脚印。

速记：麻姑娘担雪送房顶，冰天堆大雪

六、太阳

六月拉婆婆晒太阳——假殷勤。

月亮跟着太阳转——借光。

白天的太阳，夜晚的月亮——独一无二。

太阳地里望星星——白日做梦。

长工指望月月满，短工指望太阳落——混日子。

速记：六月白天太长

七、月亮

看着星星想着月亮——贪得无厌。

大：大年初一没月亮——年年都一样。

　　大年三十盼月亮——痴心妄想。

初：初二三的月亮——不明不白。

　　初七八的月亮——半边阴。

搬起磨盘打月亮——不自量力。

毛猴子捞月亮——白忙一场。

疯狗咬月亮——不知天高地厚。

晾衣竿钩月亮——差天远。

速记：看大初打捞咬钩

八、星星

搭梯子摘星星——办不到的事。

归类后半部分的歇后语

歇后语
快速记忆法

两人穷时巧上胡

歇后语作为汉语中的一种独特语言形式，其内容丰富多样，涵盖了生活的方方面面。

在歇后语中，有些词语因为形象生动、寓意深刻而频繁出现。

我把这些频繁出现的词语归纳成以下四句话：

1. 两人穷时巧上胡
2. 心口不一好难自
3. 倒霉得险多白死
4. 大眼装闲有没无

以上四句话又可归纳成一句话：两人心口倒大霉

关于"两"有关的词汇，我总结成一句话：美门头面不相

1. 美：两全其美

扩展：与"美丑"有关系的歇后语。

美上天了、美中不足、冒充美人（扩展：冒充）、献丑

2. 门：双喜临门（扩展：喜出望外、空欢喜）
3. 头：两头误、两头怕、两头受罪、两头为难
4. 面：两面怕、两面三刀
5. 不：两不误、两不耽误
6. 相：两相情愿、两相合适

两人穷时巧上胡

两

瞎子背拐子过河——两全其美。
狼也跑了，羊也保了——两全其美。
光棍娶寡妇——两全其美。
歪脖子拉小提琴——两全其美。
速记：瞎狼光歪脖子——两全其美

西施坐飞机——美上天了。
嫦娥奔月——美上天了。
捧着鲜花坐飞机——美上天了。
速记：西施嫦娥捧鲜花——美上天了

西施脸上出天花——美中不足。
嫦娥脸上长痣——美中不足。
白鹤长个黑尾巴——美中不足。
绣花虽好不闻香——美中不足。
速记：西施嫦娥白绣花——美中不足

腰里别个死耗子——冒充打猎人。
癞蛤蟆戴眼镜——冒充文化人。
屎壳郎戴眼镜——冒充知识分子。
老虎烧香——冒充善人。
黄鼠狼穿道袍——冒充善人。
狐狸戴鲜花——冒充美人。
老虎背十字架——冒充耶稣。
驴粪蛋包锡纸——冒充元宝。
豆腐渣装皮箱——冒充好货。
速记：猎人善美稣宝货

211

歇后语快速记忆法

关公面前舞大刀——献丑。
鲁班面前弄大斧——献丑。
圣人面前卖《三字经》——献丑。
光屁股打灯笼——献丑。
速记：三人面前光屁股——献丑

正月初一过生日——双喜临门。
过年娶媳妇——双喜临门。
又娶媳妇又做寿——双喜临门。
抱着儿子拜天地——双喜临门。
婆媳两个生孩子——双喜临门。
速记：正月过年又抱孩子——双喜临门

范进中举——喜出望外。
摔跤捡金条——喜出望外。
叫花子接彩球——喜出望外。
讨饭的捡黄金——喜出望外。
速记：范进摔跤叫讨饭的——喜出望外

乌鸦窝里养凤凰——空欢喜。
老鼠跳到糠箩里——空欢喜。
麻雀掉到粗糠里——空欢喜。
和尚看花轿——空欢喜。
猴子井底捞月亮——空欢喜。
做梦拾元宝——空欢喜。
速记：乌老麻和猴子做梦拾元宝——空欢喜

两人穷时巧上胡

和尚没当上，老婆没娶上——两头误。
摆渡不成翻了船——两头误。
速记：和尚摆渡——两头误

稻草绳子担石头——两头怕。
茴橘打狼——两头怕。
速记：稻草打狼——两头怕

阉猪割耳朵——两头受罪。
吃辣椒闹痔疮——两头受罪。
拉痢吃辣椒——两头受罪。
速记：阉猪吃辣椒——两头受罪

儿子看婆媳吵架——两头为难。
宠了媳妇得罪娘——两头为难。
顺了姑来失嫂意——两头为难。
顺了哥来失嫂意——两头为难。
速记：儿宠姑哥——两头为难

高粱秆打狼——两面怕。
狗咬刺猬——两面怕。
速记：高粱秆打狗——两面怕

王熙凤的为人——两面三刀。
杨二郎的兵器——两面三刀。
泥瓦匠砌墙——两面三刀。
速记：王熙凤的二郎砌墙——两面三刀

歇后语快速记忆法

开会抱孩子——两不误。

赶场带相亲——两不误。

看枣树纳鞋底——两不误。

屙屎挑地菜——两不误。

速决：开会赶场看地菜——两不误

走道嗑瓜子——两不耽误。

拾柴打兔子——两不耽误。

偷茄子带摘葫芦——两不耽误。

速记：走道拾柴偷茄子——两不耽误

周瑜打黄盖——两相情愿。

张天师戏何仙姑——两相情愿。

寡妇嫁光棍——两相情愿。

速决：周瑜戏寡妇——两相情愿

臭猪头碰到烂菩萨——两相合适。

两人穷时巧上胡

■ 人

与"人"有关的词汇，我总结成一句话：人家人人（是）粗人

"人家"的词语，我总结成一句话：人家恨任没害里

人家的、人家的好、恨人不死、任人摆布、任人宰割、没人理、没外人、害人先害己、里外不是人。

"人人"的词语，我总结成一句话：人人谦虚望远门

人人喜欢、人人有份（扩展：见者有份）、个个喜爱、人云亦云。

谦虚（扩展：靠边站）。

望尘莫及、远走高飞、门当户对。

"粗人"的词语，我总结成一句话：粗人强砸欺别人

粗人吃细粮（扩展：吃里扒外、吃不饱肚子、吃亏是自己、慢慢来、吞吞吐吐、嘴硬、直来直去、开黄腔、吹了）。

强人所难、砸人饭碗、欺人太甚、别人不夸自己夸（扩展：旁人不夸自己夸、自夸自、自己夸自己）。

歇后语快速记忆法

路边的钱——人家的。
老妈子带孩子——人家的。
大姑娘抱孩子——人家的。
亲家母的花鞋——人家的。
速记：路边的老大亲——人家的

隔墙果子分外甜——人家的好。

郎中咬牙——恨人不死。
卖棺材的跺脚——恨人不死。
棺材店打折扣——恨人不死。
速记：郎中卖棺材——恨人不死。

染房里的大缸——任人摆布。
新媳妇坐花轿——任人摆布。
舞台上的道具——任人摆布。
速记：染房里的新舞台——任人摆布

案板上的鱼肉——任人宰割。
屠宰场的猪——任人宰割。
速记：案板上的猪——任人宰割。

半夜里的被子——没人理。
乞丐进发廊——没人理。
三九天的冰棍——没人理。
婚后媒人秋后扇——没人理。
烂菩萨坐深山——没人理。
速记：半夜乞丐三婚烂——没人理。

> 两人穷时巧上胡

一家人五更打牙祭——没外人。
大年五更吃饺子——没外人。
三十晚上吃年饭——没外人。
速记：一家人大年吃年饭——没外人

稻草人放火——害人先害己。
吃了砒霜毒狗——害人先害己。
对空撒灰——害人先害己。
速记：稻草人吃灰——害人先害己

猪八戒照镜子——里外不是人。
白骨精照镜子——里外不是人。
猴子照镜子——里外不是人。
速记：猪白猴照镜子——里外不是人。

冬天的火炉夏天的扇——人人喜欢。
三伏天的冰棍——人人喜欢。
枕边言语骨边肉——人人喜欢。
麻油拌小菜——人人喜欢。
速记：冬天三伏枕麻油——人人喜欢

太公分猪肉——人人有份。
上山打猎——人人有份。
大江里抓鱼——人人有份。
速记：太公上山抓鱼——人人有份

上山打野猪——见者有份。

歇后语快速记忆法

八月十五的月饼——个个喜爱。

洛阳的牡丹——个个喜爱。

小磨香油拌凉菜——个个喜爱。

久旱逢甘雨——个个喜爱。

速记：八月十五洛小雨——个个喜爱

武大郎看戏——人云亦云。

鹦鹉学舌——人云亦云。

速记：武大郎学舌——人云亦云

麻雀歇在胡子上——谦虚。

虾公过河——谦虚。

打架揪胡子——谦虚。

胡子套索索——谦虚。

速记：麻虾打架揪胡子——谦虚

马路边的电杆——靠边站。

田埂上种黄豆——靠边站。

汽车按喇叭——靠边站。

速记：马路边田埂上汽车——靠边站

兔子跟着马儿跑——望尘莫及。

骑牛追马——望尘莫及。

骑着毛驴追骏马——望尘莫及。

速记：兔子追马——望尘莫及

> 两人穷时巧上胡

半天云里骑仙鹤——远走高飞。
坐火箭上月球——远走高飞。
卫星上天——远走高飞。
速记：半天云里坐卫星——远走高飞

王八找个鳖亲家——门当户对。
蚂蚱配蝗虫——门当户对。
和尚娶尼姑——门当户对。
尼姑嫁和尚——门当户对。
速记：王八蚂蚱和尼姑——门当户对

癞蛤蟆上葡萄树——粗人吃细粮。
猴子爬上樱桃树——粗人吃细粮。
速记：癞猴上树——粗人吃细粮

小猪仔抢食——吃里扒外。
吴三桂引清兵——吃里扒外。
身在曹营心在汉——吃里扒外。
吃家饭屙野屎——吃里扒外。
速记：小吴在曹营吃家饭——吃里扒外

黄鼠狼吃鸡毛——吃不饱肚子。
饿肚汉嗑瓜子——吃不饱肚子。
指头上抹蜜——吃不饱肚子。
胡子上的饭粒——吃不饱肚子。
速记：黄鼠狼饿肚指胡子——吃不饱肚子

219

歇后语快速记忆法

生气踢石头——吃亏是自己。
拿舌头磨刀——吃亏是自己。
拳头砸核桃——吃亏是自己。
速记：生气拿拳头——吃亏是自己

蚂蚁啃骨头——慢慢来。
油灯上炖猪蹄——慢慢来。
长虫吃蛤蟆——慢慢来。
心急吃不了热豆腐——慢慢来。
结巴聊天——慢慢来。
速记：蚂蚁啃猪蹄长心结——慢慢来。

鸭子吃黄鳝——吞吞吐吐。
嘴里嗑瓜子——吞吞吐吐。
含着骨头露着肉——吞吞吐吐。
柴油机抽水——吞吞吐吐。
速记：鸭子嘴里含柴油——吞吞吐吐

痨病鬼吃蚕豆——嘴硬。
打死不认错——嘴硬。
死了的啄木鸟——嘴硬。
耗子咬木箱——嘴硬。
速记：痨病鬼打死耗子——嘴硬

长虫钻竹筒——直来直去。
衣服里放棒槌——直来直去。
过道里赶猪——直来直去。
烟囱里爬老鼠——直来直去。
速记：长虫衣服里过烟——直来直去

> 两人穷时巧上胡

满嘴镶金牙——开黄腔。
吃玉米面打哈欠——开黄腔。
速记：满嘴吃玉米面——开黄腔

大风天卖炒面——吹了。
灶门前拿竹筒——吹了。
速记：大风天拿竹筒——吹了

让结巴念绕口令——强人所难。
赶鸭子上架——强人所难。
逼公鸡下蛋——强人所难。
叫林黛玉抡板斧——强人所难。
速记：结巴赶打林黛玉——强人所难

木匠师傅夺斧子——砸人饭碗。
秤砣掉进碗柜里——砸人饭碗。
速记：木匠师傅夺秤砣——砸人饭碗

骂人挖祖坟——欺人太甚。
人头上砸核桃——欺人太甚。
踩着脖子敲脑壳——欺人太甚。
屁股坐在别人脑袋上——欺人太甚。
速记：骂人踩屁股——欺人太甚

八十岁婆婆戴刺梅花——别人不夸自己夸。
馒头里边包豆渣——旁人不夸自己夸。
孔明夸诸葛亮——自夸自。
对着镜子竖拇指——自己夸自己。

歇后语
快速记忆法

■ 穷

与"穷"有关的词汇，我总结成一句话：哭穷折腾白开途

哭穷、穷折腾、一穷二白、穷开心、穷途末路。

扩展：倾家荡产、谋财害命、发不了大财、发财也不大、发点小财。

晚了、落后了、浪费、糟蹋。

早晚要飞、迟早要飞、早晚都要飞。

> 两人穷时巧上胡

叫花子上坟——哭穷。
讨饭的掉泪——哭穷。
速记：叫花子讨饭——哭穷。

叫花子练跌打——穷折腾。
花子婆娘翻跟头——穷折腾。
好袄做成破马褂——穷折腾。
速记：练翻跟头好——穷折腾

叫花子讨灰面——一穷二白。
叫花子吃豆腐——一穷二白。
叫花子跌进石灰堆——一穷二白。
一片地剩两棵白菜——一穷二白。
速记：讨吃跌进一片地——一穷二白

叫花子胸前挂钥匙——穷开心。
叫花子唱莲花落——穷开心。
讨饭的唱大戏——穷开心。
吃稀糊糊游西湖——穷开心。
速记：叫花子讨吃——穷开心

秦叔宝卖马——穷途末路。
叫花子跳井——穷途末路。
霸王走乌江——穷途末路。
热锅上的蚂蚁——穷途末路。
要饭的走到悬崖边——穷途末路。
速记：秦叔宝叫霸王热饭——穷途末路

歇后语快速记忆法

杜十娘沉百宝箱——倾家荡产。
豆腐佬摔担子——倾家荡产。
叫花子打破碗——倾家荡产。
打鱼的碰烂船——倾家荡产。
速记：杜豆叫花子打鱼——倾家荡产

孙二娘开店——谋财害命。
杀人抢东西——谋财害命。
鹌鹑嗉里寻豌豆——谋财害命。
蚌壳里取珍珠——谋财害命。
速记：孙二娘杀鹌蚌——谋财害命

一天卖三根黄瓜——发不了大财。
一把黄豆数着卖——发不了大财。
速记：一天卖一把黄豆——发不了大财

叫花子捡了个大南瓜——发财也不大。
叫花子捡了个老南瓜——发点小财。

正月初一过年——晚了。
八月十五过端阳——晚了。
贼去关门——晚了。
船到江心才补漏——晚了。
速记：两过贼船——晚了。

两人穷时巧上胡

大雁跟着飞机跑——落后了。
拖拉机撵火车——落后了。
毛驴跟马赛跑——落后了。
速记：大雁拖毛驴——落后了

灯草烧蹄子——浪费。
茅厕板上钉铜钉——浪费。
速记：灯草烧茅厕板——浪费

高级毛料做抹布——糟蹋材料。
乌龟吃大米——白糟蹋粮食。
烧猪肉喂狗——糟蹋好东西。
鲜花插在牛粪上——糟蹋了。

柳树枝上落凤凰——迟早要飞。
麻雀窝里落喜鹊——早晚要飞。
南来的燕子北去的鸟——早晚都要飞。

歇后语 快速记忆法

■ 时

关于"时"有关词汇的歇后语并不多，我总结成一句话：时同文武轻肚痛

正是时候、不是时候、不看时候。

同甘共苦。

能文能武、走运、老来红、里外红、里外都红、送上门的肉。（简记：文武走运老送肉。）

轻而易举、肚量、忍痛割爱。

> 两人穷时巧上胡

八月十五吃月饼——正是时候。
初一早上放鞭炮——正是时候。
三伏天喝冰茶——正是时候。
雪中送炭——正是时候。
瞌睡送个枕头——正是时候。
速记：八月初三雪瞌睡——正是时候

除夕晚上看月亮——不是时候。
三十晚上借蒸笼——不是时候。
大年初一借袍子——不是时候。
端午节拜年——不是时候。
八月十五吃粽子——不是时候。
夏天（三伏天）穿皮袄——不是时候。
三九天种小麦——不是时候。
腊月卖凉粉——不是时候。
阴天晒被子——不是时候。
半夜借尿盆——不是时候。
速记：除三大端粽子，夏三腊晒尿盆——不是时候

人家吃饭你借碗——不看时候。
除夕晚上借砧板——不看时候。
吃过午饭打更——不看时候。
大风担簸箕——不看时候。
速记：人家除夕吃大风——不看时候

歇后语快速记忆法

有福同享，有难同当——同甘共苦。
吃口黄连吃口蜜——同甘共苦。
白糖炒苦瓜——同甘共苦。
冰糖煮黄连——同甘共苦。
速记：有福吃白冰——同甘共苦

孔夫子挎腰刀——能文能武。
秀才当兵——能文能武。
被窝里放屁——能文能武。
速记：孔秀才放屁——能文能武

小狗落在茅坑里——走运。
鸡落白米仓——走运。
速记：小狗落在白米仓——走运

十月的鸡冠花——老来红。
入秋的高粱——老来红。
结在树上的辣子——老来红。
石榴开花——老来红。
速记：十月入秋结石榴——老来红

秋后的西红柿——里外红。
红布包柑橘——里外都红。

兔子叫门——送上门的肉。
蛤蟆跳到蟒嘴里——送上门的肉。
肥猪跑进屠户家——送上门的肉。
速记：兔子跳到屠户家——送上门的肉

两人穷时巧上胡

大力士打小旗——轻而易举。
大吊车吊蚂蚁——轻而易举。
弯腰捡稻草——轻而易举。
速记：大大弯腰捡稻草——轻而易举

宰相肚里能撑船——肚量大。
麻雀吃不下二两谷——肚量小。
大象喝水——有肚量。
吃个馒头就饱——没肚量。

杨志卖刀——忍痛割爱。
秦琼卖马——忍痛割爱。
林黛玉焚诗稿——忍痛割爱。
速记：卖刀卖马焚诗稿——忍痛割爱

■ 巧

与"巧"有关词汇的歇后语并不多,我总结成一句话:熟牌子巧煞毒货

熟路、牌子硬、牌子臭。

碰巧、凑巧、将就、凑合。

煞风景、大煞风景。

以毒攻毒、冒牌货、过时货、不识货。

两人穷时巧上胡

老猫上锅台——熟路。
狐狸奔鸡窝——熟路。
媳妇回娘家——熟路。
速记：老狐狸回娘家——熟路

花岗岩做招牌——牌子硬。
乌龟壳上贴广告——牌子硬。
速记：花乌龟壳上贴广告——牌子硬

茅坑板做广告——牌子臭。

西湖边上搭草棚——煞风景。
戏园子门前堆垃圾——煞风景。
鲜花栽在杂草里——煞风景。
速记：西湖边堆鲜花——煞风景

旅游地区晒短裤——大煞风景。
闹新房挤进个小寡妇——大煞风景。
速记：旅游地区闹新房——大煞风景

蛇洞对着蝎子洞——以毒攻毒。
蜈蚣吃蝎子——以毒攻毒。
蛇吞蝎子——以毒攻毒。
速记：蛇洞蜈蛇——以毒攻毒

歇后语 快速记忆法

蝎子尾巴后娘的心——最毒。

青竹蛇儿口，黄蜂尾上针——最毒不过。

毒蛇牙齿马蜂针——全是毒。

瞎猫撞死鼠——碰巧。

屙屎落狗嘴——碰巧。

屙屎落塘撞死鱼——碰巧。

牛尾拍苍蝇——碰巧。

速记：瞎猫屙屎落牛尾——碰巧

瞎猫碰到死老鼠——凑巧。

骑牛见亲家——凑巧。

瞌睡遇到枕头——凑巧。

芝麻掉进针眼里——凑巧。

速记：瞎猫骑牛遇芝麻——凑巧

铁拐李背何仙姑——将就。

矮子里面拔将军——将就。

外甥跟母舅下棋——将就。

歪锅配扁灶——将就。

速记：李子外甥配扁灶——将就

钝刀子切豆腐——凑合。

无牛狗拉车——凑合。

拉来黄牛当马骑——凑合。

歪嘴吹海螺——凑合。

速记：钝刀子无牛拉歪嘴——凑合

两人穷时巧上胡

江湖骗子卖膏药——冒牌货。
红薯干充天麻——冒牌货。
花心萝卜充人参——冒牌货。
速记：江湖骗子卖红花——冒牌货

正月初一卖门神——过时货。
端午节卖历书——过时货。
少时衣裳老来穿——过时货。
速记：门神历书少时衣——过时货

买椟还珠——不识货。
黄花梨木当柴烧——不识货。
萝卜干当人参——不识货。
速记：买黄萝卜——不识货

■ 上

与"上"有关的,包含上中下的词汇,我总结成一句话:<u>正粗暗中比加当</u>

正中下怀、粗中有细、暗中使劲、中看不中用、比上不足比下有余、上加、上当受骗。

> 两人穷时巧上胡

三伏天喝冰水——正中下怀。

聋子看哑剧——正中下怀。

速记：三伏天聋子看哑剧——正中下怀

老玉米里掺白面——粗中有细。

鲁智深大闹野猪林——粗中有细。

张飞穿针——粗中有细。

速记：老鲁穿针——粗中有细。

屙屎抓紧狗尾草——暗中使劲。

放屁咬紧牙——暗中使劲。

关灯打婆娘——暗中使劲。

狠心后娘打孩子——暗中使劲。

速记：屙屎放屁打娘子——暗中使劲。

武大郎的打虎棍——中看不中用。

银样镴枪头——中看不中用。

玻璃棒槌——中看不中用。

空心萝卜——中看不中用。

鞋底绣牡丹——中看不中用。

速记：武大郎的银样玻萝鞋——中看不中用

男人比女人——比上不足比下有余。

人家骑马我骑驴，后面还有推车的——比上不足比下有余。

速记：男人骑马——比上不足比下有余

歇后语快速记忆法

猪八戒背媳妇——上当受骗。
吕布戏貂蝉——上当受骗。
林冲误闯白虎堂——上当受骗。
速记：猪八戒戏林冲——上当受骗

酸：醋娘子吃青梅——酸上加酸。
　　醋泡山楂——酸上加酸。
甜：白糖拌蜜糖——甜上加甜。
苦：黄连树上挂苦胆——苦上加苦。
　　黄连拌苦瓜——苦上加苦。
辣：豆瓣酱拌海椒——辣上加辣。
咸：酱瓜子撒盐——咸上加咸。
速记：酸甜苦辣咸

喜：喜鹊飞进洞房里——喜上加喜。
　　新科状元招驸马——喜上加喜。
香：猪油里掺麻油——香上加香。
好：金刚石上镶宝石——好上加好。
　　猪肉用油炒——好上加好。
毒：蝎子蜈蚣拜把子——毒上加毒。
　　麻风病人长恶疮——毒上加毒。
美：西施戴花——美上加美。
　　凤凰头上戴牡丹——美上加美。
丑：东施效颦——丑上加丑。
　　丑女嫁丑汉——丑上加丑。
快：火箭加油——快上加快。
　　汽车长翅膀——快上加快。
速记：喜香好毒美丑快

> 两人穷时巧上胡

急：急救车碰上救火车——急上加急。
　　打电报买快车票——急上加急。
难：顶着磨盘踩高跷——难上加难。
　　逆水遇上顶头风——难上加难。
官：公鸡戴草帽——官上加官。
亲：白菜叶子炒大葱——亲上加亲。
　　稀饭加米汤——亲上加亲。
　　师傅当丈人——亲上加亲。
　　表兄娶表妹——亲上加亲。
红：关羽流鼻血——红上加红。
　　关老爷搽胭脂——红上加红。
黑：包公脸上抹煤灰——黑上加黑。
　　乌鸦钻煤堆——黑上加黑。
错：偷鸡打店主——错上加错。
　　拍马屁的拍上了大腿——错上加错。

速记：急难官亲红黑错

■ 胡

　　歇后语中有关"胡"字和其他词语，我总结成了一句话：胡乱假内行当过臭杂种

　　胡：胡扯、胡来、胡拉乱扯（扩展：扯来扯去）、胡搅蛮缠（扩：纠缠不清）。

　　乱：乱扣帽子、乱了时辰、乱套了（扩展：反常）。

　　假：假干净、假的、假正经、假斯文、假装、假仁假义、假慈悲。（简记：干的正斯装仁慈）

　　内行（扩展：外行）。

　　当过：当面、过分。

　　臭：臭讲究、臭美、臭干净（扩展：干净、不干净）。底子臭、臭气熏天、臭味相投（扩展：气味相投）、臭名远扬。

　　杂种（扩展：野种）。

> 两人穷时巧上胡

聋子拉二胡——胡扯。

和尚打架扯断辫子——胡扯。

闭眼撕皇历——胡扯。

拉着耳朵擤鼻涕——胡扯。

卖布不带尺——胡扯。

速记：聋和尚闭眼拉布卖——胡扯。

卖狗肉进寺院——胡来。

大腿上把脉——胡来。

喝酒不用杯——胡来。

茶馆里招手——胡来。

穿孝衣道喜——胡来。

速记：狗腿喝茶穿孝衣——胡来

赵云斩韩信——胡拉乱扯。

东扯葫芦西扯瓢——胡拉乱扯。

速记：赵云斩葫芦——胡拉乱扯。

南瓜地里栽地瓜——扯来扯去。

南瓜秧牵上葡萄树——胡搅蛮缠。

水蛇投渔网——胡搅蛮缠。

速记：南瓜秧牵水蛇——胡搅蛮缠

刺猬钻进丝线铺——纠缠不清。

地瓜地里种豆角——纠缠不清。

粉丝汤里下面条——纠缠不清。

速记：刺猬钻进地瓜粉——纠缠不清

239

歇后语 快速记忆法

蚂蚁头上戴斗笠——乱扣帽子。

草帽当锅盖——乱扣帽子。

速记：蚂蚁头上戴草帽——乱扣帽子

大白天打更——乱了时辰。

吃了早饭睡午觉——乱了时辰。

速记：大白天睡午觉——乱了时辰

鸡拿耗子猫打鸣——乱套了。

背心穿在衬衫外——乱套了。

速记：鸡拿背心——乱套了

西天出太阳——反常。

阿婆留胡子——反常。

公鸡下蛋母鸡打鸣——反常。

狗逮老鼠猫看家——反常。

速记：西天阿婆留公狗——反常

苍蝇洗脸——假干净。

屙尿洗簸箕——假干净。

速记：苍蝇屙尿——假干净

电影里的夫妻——假的。

戏子穿龙袍——假的。

和尚的辫子——假的。

速记：电影里的夫妻戏和尚——假的

两人穷时巧上胡

妓女抱本《烈女传》——假正经。
潘金莲立牌坊——假正经。
速记：妓女抱潘金莲——假正经

叫花子不吃肉——假斯文。
饿猫不吃死耗子——假斯文。
猪八戒看唱本——假斯文。
猴子戴眼镜看书报——假斯文。
速记：花猫不吃看猴子——假斯文

狗不吃屎，狼不吃肉——假装。
空肚打饱嗝——假装。
戏台上扮夫妻——假装。
速记：狗空肚扮夫妻——假装

宋江的眼泪——假仁假义。
诸葛亮吊孝——假仁假义。
猫给老鼠吊孝——假仁假义。
速记：宋江的诸猫——假仁假义

哭：孔明哭周瑜——假慈悲。
　　猫哭老鼠——假慈悲。
老虎戴佛珠——假慈悲。
鳄鱼流眼泪——假慈悲。
速记：哭老鳄鱼——假慈悲

241

歇后语快速记忆法

补锅匠揽瓷器活——充内行。
大师傅进厨房——来了内行。
杀猪的卖肉——内行。
刘备编草鞋——内行。
速记：补锅大师杀刘备——内行

腊月种小麦——外行。
杀猪捅屁股——外行。

驼子打赤膊——当面现丑。
麻子照镜子——当面难看。

吃豆腐怕扎牙根——小心过分。
打个喷嚏洗洗脸——讲究过分。
踩死蚂蚁也要验尸——过分认真。
给大老爷舔痔疮——过分巴结。

尿鳖子镶金边——臭讲究。
茅房里铺地毯——臭讲究。
屎：屎壳郎下饭馆——臭讲究。
　　厕屎照镜子——臭讲究。
速记：金茅屎——臭讲究

粪堆上插鲜花——臭美。

屙屎照镜子——臭美。

茅坑里的孔雀——臭美。

屎壳郎戴花——臭美。

速记：粪堆上屙茅屎——臭美

屎壳郎戴口罩——臭干净。

叫花子洗澡——穷干净。

苍蝇洗脸——假干净。

剃头掏耳朵——里外干净。

屙尿洗簸箕——假爱干净。

尿盆子洗脸——不干净。

藕眼的泥巴——洗不干净。

麻子洗脸——擦不干净。

早上没刷牙——嘴巴不干净。

茅坑上边盖大厦——底子臭。

粪堆上的灵芝——底子臭。

尿盆里栽牡丹——底子臭。

速记：茅坑粪堆栽牡丹——底子臭

屎壳郎坐飞机——臭气熏天。

茅房顶上装烟囱——臭气熏天。

半天云里放屁——臭气熏天。

速记：屎壳郎茅房顶上放屁——臭气熏天

歇后语快速记忆法

红头苍蝇叮牛屎——臭味相投。
苍蝇围着厕所转——臭味相投。
黄鼠狼和狐狸结亲——臭味相投。
屎壳郎和苍蝇交朋友——臭味相投。
速记：红头苍蝇围黄屎——臭味相投

鱼找鱼，虾找虾，乌龟爱王八——气味相投。
一窝老鼠不嫌臊——气味相投。
黄鼠狼闻不出屁臭——气味相投。
速记：鱼找一窝黄鼠狼——气味相投

屎壳郎出国——臭名远扬。
高山滚马桶——臭名远扬。
王致和的豆腐——臭名远扬。
速记：屎壳郎高山滚豆腐——臭名远扬

高粱地里种荞麦——杂种。
麦子田里种豌豆——杂种。
胡豆地里种芝麻——杂种。
芝麻地里种黄豆——杂种。
速记：高粱麦子胡芝麻——杂种

荒山上长高粱——野种。
羊群里跑出个小兔子——野种。
速记：荒山上小兔子——野种

心口不一好难自

关于"心"有关的词汇，我总结成两句话：

1. 没提恶良里眼中

没：没安好心、别有用心、不是真心。

提：提心吊胆、小心翼翼。

恶良：恶心、存心不良。

里：心里有火、心里明白（扩展：自己明白、自己心里明白）。

眼中：心眼多、心中有数。

2. 忘痴莫明冤

忘痴莫：忘恩负义、痴心妄想、莫名其妙。

明：明明白白、不明不白、黑白分明（扩展：清清白白、一清二白）。

冤：冤家路窄、冤枉、错怪。

歇后语快速记忆法

■ 心

西门庆请武大郎——没安好心。
白骨精给唐僧送饭——没安好心。
狐狸进村——没安好心。
黄鼠狼给鸡拜年——没安好心。
速记：西门白狐黄鼠狼——没安好心

周瑜请蒋干——别有用心。
潘金莲给武松敬酒——别有用心。
馋猫挨着锅台转——别有用心。
借着酒醉说胡话——别有用心。
速记：周潘馋酒——别有用心

诸葛亮哭周瑜——不是真心。
吃霸王的饭，给刘邦做事——不是真心。
代别人写情书——不是真心。
速记：诸葛亮吃饭写情书——不是真心

胆小鬼走夜路——提心吊胆。
小媳妇买猪内脏——提心吊胆。
端着鸡蛋过独木桥——提心吊胆。
半天云里踩钢丝——提心吊胆。
速记：胆小媳妇端半天——提心吊胆

心口不一好难自

小媳妇做事——小心翼翼。

拿着鸡蛋走冰路——小心翼翼。

骑自行车过独木桥——小心翼翼。

速记：小媳妇拿着鸡蛋骑自行车——小心翼翼

屎壳郎上饭桌——恶心。

癞蛤蟆爬脚面——恶心。

苍蝇掉进饭碗里——恶心。

速记：屎壳郎癞苍蝇——恶心

裁缝不带尺——存心不良（量）。

卖米不带升——存心不良（量）。

速记：裁缝卖米——存心不良（量）

寒天吃冰棍——心里有火。

三九天扇扇子——心里有火。

速记：寒天扇扇子——心里有火

哑巴看戏——心里明白。

蜈蚣吃萤火虫——心里明白。

速记：哑巴看蜈蚣——心里明白

王道士画符——自己明白。

水里屙尿——自己明白。

速记：王道士水里屙尿——自己明白

247

歇后语 快速记忆法

泥水匠拜佛——自己心里明白。

穿靴子光脚——自己心里明白。

速记：泥水匠穿靴子光脚——自己心里明白

葵花结子——心眼多。

池塘里的藕——心眼多。

打好的渔网——心眼多。

马蜂的窝——心眼多。

速记：葵花池塘打马蜂——心眼多

瞎子吃汤圆——心中有数。

和尚不吃荤——心中有数。

哑巴吃饺子——心中有数。

速记：瞎子和哑巴——心中有数

新娘娶进房，媒人扔过墙——忘恩负义。

狗咬屙屎人——忘恩负义。

卸磨杀驴——忘恩负义。

下山丢拐棍——忘恩负义。

端起碗吃肉，放下碗骂娘——忘恩负义。

吃饱打厨子——忘恩负义。

病好打医生——忘恩负义。

速记：新狗卸下骂吃病——忘恩负义

心口不一好难自

老鸦配凤凰——痴心妄想。
癞蛤蟆想吃天鹅肉——痴心妄想。
白骨精想吃唐僧肉——痴心妄想。
大年三十盼月亮——痴心妄想。
泥鳅跳龙门——痴心妄想。
速记：老鸦想吃大泥鳅——痴心妄想

三伏天刮西北风——莫名其妙。
臭媚眼做给瞎子看——莫名其妙。
耗子洞里摆神像——莫名其妙。
听哑巴唱戏——莫名其妙。
速记：三伏天臭耗子唱戏——莫名其妙

东方天亮下大雪——明明白白。
石灰墙上挂灯笼——明明白白。
速记：东方天亮挂灯笼——明明白白

初二三的月亮——不明不白。
傻子看戏——不明不白。
黑纸糊灯笼——不明不白。
瞎子看天窗——不明不白。
速记：初二傻子看黑瞎子——不明不白

乌鸦落在雪堆上——黑白分明。
猪血煮元宵——黑白分明。
木耳烧豆腐——黑白分明。
速记：乌鸦落猪耳——黑白分明

249

歇后语 快速记忆法

丝瓜烧豆腐——清清白白。
豆腐炒韭菜——清清白白。
速记：丝瓜豆腐——清清白白

白菜煮豆腐——一清二白。
大葱拌豆腐——一清二白。
速记：白菜煮大葱——一清二白

说曹操，曹操就到——冤家路窄。
独木桥上遇仇人——冤家路窄。
假李逵碰真李逵——冤家路窄。
速记：曹操独假——冤家路窄

黑狗偷了油，打了白狗头——冤枉。
不犯王法坐大牢——冤枉。
好心遭雷打——冤枉。
速记：黑狗不好——冤枉

老猫偷食狗挨打——错怪。
拉不出屎怪茅坑——错怪。
小姑打碗怨媳妇——错怪。
不恨绳短怨井深——错怪。
速记：老猫拉姑绳——错怪

心口不一好难自

■ 口

与"口"有关的词汇，我总结成一句话：不多是非说南明

不：不好开口、不好张口、开不得口、难为你开口、亏他张得开嘴。

多：多嘴多舌、七嘴八舌、一张臭嘴。

是非：口是心非。

说：说来话长、说来就来、说变就变。

南：南腔北调、油腔滑调。

明：明知故问、明知故犯。

歇后语快速记忆法

闺女做媒——不好开口。
厕所里吃烧饼——不好开口。
屙屎吃西瓜——不好开口。
嘴巴贴膏药——不好开口。
媒婆嘴长疮——不好开口。
速记：闺女厕所屙屎，嘴巴长疮——不好开口

鼻子大了压到嘴——不好张口。
大风天吃炒面——不好张口。
速记：鼻子大了吃炒面——不好张口

和尚吃狗肉——开不得口。
茅坑里捡到的手帕——开不得口。
牛嘴上套篾篓子——开不得口。
速记：和尚茅坑里捡牛——开不得口

屎壳郎吃年糕——难为你开口。
屎缸旁边吃月饼——难为你开口。
速记：屎壳郎屎缸旁边吃月饼——难为你开口

猴子吃大象——亏他张得开嘴。
拉屎啃猪蹄——亏他张得开嘴。
速记：猴子拉屎啃猪蹄——亏他张得开嘴

笼子里的鹦鹉——多嘴多舌。
三斤半鸭子两斤半嘴——多嘴多舌。
千只麻雀炒盘菜——多嘴多舌。
马槽里伸出个驴头——多嘴多舌。
速记：笼子里的三千驴头——多嘴多舌

心口不一好难自

一家十五口——七嘴八舌。

十五个人吃饭——七嘴八舌。

十五个妇女拉家常——七嘴八舌。

十五个婆娘吵架——七嘴八舌。

速记：一家十五个——七嘴八舌

屎壳郎打哈欠——一张臭嘴。

狗嚼大粪——一张臭嘴。

三年不漱口——一张臭嘴。

速记：屎壳郎打狗三年——一张臭嘴

叶公好龙——口是心非。

老虎念经——口是心非。

戏台上赌咒——口是心非。

速记：叶老戏台上赌咒——口是心非

六月冻死老绵羊——说来话长。

三岁没娘——说来话长。

孩子没娘——说来话长。

速记：六月冻死三岁孩子——说来话长

夏天（三伏天）的雨——说来就来。

小孩子的眼泪——说来就来。

急性子做客——说来就来。

速记：夏天小急——说来就来

歇后语快速记忆法

六月的天，财主的脸——说变就变。
早晨的天，婆婆的脸——说变就变。
电视上的画面——说变就变。
江湖佬耍戏法——说变就变。
速记：六月早晨电视上江湖佬耍戏法——说变就变

广东人唱京剧——南腔北调。
演完越剧唱京戏——南腔北调。
山东骡子学马叫——南腔北调。
贵州驴子学马叫——南腔北调。
速记：广东人演山贵——南腔北调

凡士林涂嘴巴——油腔滑调。
吃着肥肉唱着歌——油腔滑调。
喝油唱曲子——油腔滑调。
速记：嘴巴吃肉喝油——油腔滑调

问二叔公排第几——明知故问。
蹲在茅坑问香臭——明知故问。
吃着梅子问酸甜——明知故问。
速记：二叔公蹲在茅坑吃梅子——明知故问

法官坐班房——明知故犯。
睁着眼睛尿床——明知故犯。
装着宪法行凶——明知故犯。
速记：法官尿床行凶——明知故犯

心口不一好难自

■ 不

与"不"有关的词汇很多，我总结成一句话：饥舍三不靠

这一句又分解成三句话：

1. 饥舍打过了香水

饥不择食、恋恋不舍、不打不响、不过瘾。

跑不了、错不了、来不及了、免不了、改不了。

（简记：跑错来免改）

不香、滴水不漏、滴水不进。

2. 三不：不知、不识、不分

"不知"，我总结成如下两句话：

春天底高香真贵

不知春秋、不知天高地厚、不知底细、不知高低、不知香臭、不知真假、不知贵贱。

头味轻自长深死

不知头尾、食而不知其味、不知轻重、不知自丑、不知长短、不知深浅、不知死活。

"不识"：不识时务、不识抬举、不识好歹。

"不分"，我总结成三句话：

昼夜此东西老青高

不分昼夜、不分彼此、不分东西、不分老嫩、不分青红皂白、不分高低。

歇后语 快速记忆法

粗善主五谷好香

粗细不分、善恶不分、主次不分、五谷不分、好歹不分、好坏不分、香臭不分。

贵阳上下敌我黑

贵贱不分、阴阳不分、上下不分、敌我不分、黑白不分。

3. **靠长块料顶风算惹事**

靠不住（扩展：闲不住、坐不住、坐不稳）。

不长久（扩展：不干脆、干脆、干干脆脆、不稀奇、不对味、不落空、不新鲜、不相干、互不相干）。

不是这块料（扩展：不懂买卖经、不够本钱、收不回来、不敢受这个礼、不是对手、不要命了、贪色不要命了、活得不耐烦了、不想活了）。

不顶用、不顶事（扩展：微不足道、不是滋味、不可思议）。

抖不起威风（扩展：与众不同、不同凡响、来者不善、不足为奇、不熟）。

不合算（显不出、转不过弯来）。

惹不起、惹祸上身（扩展：高攀不上、高不可攀、担当不起）。

办不到的事（扩展：办不到）、不可能的事、不是好事、常有的事。

心口不一好难自

叫花子吃树皮——饥不择食。
兔饿捉老鼠——饥不择食。
速记：叫花子吃兔——饥不择食

蝴蝶落在鲜花上——恋恋不舍。
张生回望崔莺莺——恋恋不舍。
十步九回头——恋恋不舍。
情人送别——恋恋不舍。
速记：蝴蝶回望十情人——恋恋不舍

牛皮鼓，青铜锣——不打不响。
和尚的木鱼——不打不响。
枣木梆子——不打不响。
速记：牛皮鼓和枣木梆子——不打不响

武松喝啤酒——不过瘾。
饿肚汉嗑瓜子——不过瘾。
老虎吃蜻蜓——不过瘾。
抽大烟的说梦话——不过瘾。
速记：武松饿肚老抽烟——不过瘾

瓮中鳖，盘中鱼——跑不了。
断了腿的青蛙——跑不了。
水缸里抓鱼——跑不了。
摆在饭桌上的鱼——跑不了。
速记：瓮中断水鱼——跑不了

歇后语快速记忆法

一只螃蟹八只脚——错不了。

打酒只问提壶的——错不了。

一加一等于二——错不了。

二十五斤四百两——错不了。

速记：螃蟹打酒一加二——错不了

八十岁学吹鼓手——来不及了。

下了地狱才后悔——来不及了。

临渴掘井——来不及了。

大年三十喂年猪——来不及了。

速记：八十下井喂年猪——来不及了

吃烧饼掉芝麻——免不了。

舌头碰牙——免不了。

速记：吃烧饼碰牙——免不了

生就的：生就的骨头长就的肉——改不了。
　　　　生就的眉毛长成的痣——改不了。

天生的歪脖子——改不了。

狗走千里吃屎，狼走千里吃肉——改不了。

速记：生就的天狗——改不了

大年初一吃窝头——不香。

嚼过的馍——不香。

发霉的炒黄豆——不香。

速记：大年嚼发霉的炒黄豆——不香

心口不一好难自

阿庆嫂倒茶——滴水不漏。
茶馆里的买卖——滴水不漏。
大下巴吃西瓜——滴水不漏。
葫芦瓢捞饺子——滴水不漏。
速记：阿庆嫂茶馆里吃葫芦——滴水不漏

实心棒槌灌米汤——滴水不进。
石头狮子灌米汤——滴水不进。
速记：实心石头——滴水不进

笼子里的斑鸠——不知春秋。
冬天摇蒲扇——不知春秋。
穿冬衣戴夏帽——不知春秋。
速记：斑鸠冬天穿冬衣——不知春秋

圣人门前讲书——不知天高地厚。
举起磨盘打月亮——不知天高地厚。
疯狗咬月亮——不知天高地厚。
老虎嘴上找食吃——不知天高地厚。
速记：圣人门前打疯虎——不知天高地厚

布袋里买猫——不知底细。
葫芦里卖药——不知底细。
速记：买猫卖药——不知底细

259

歇后语快速记忆法

瞎子坐飞机——不知高低。

半夜爬山——不知高低。

骑着毛驴追飞机——不知高低。

刚飞的鸟儿——不知高低。

速记：瞎子半夜骑飞鸟——不知高低

烂鼻子闻猪头——不知香臭。

鼻子上挂粪桶——不知香臭。

厕所里放屁——不知香臭。

躺在粪堆上睡觉——不知香臭。

掰开屁股亲嘴——不知香臭。

速记：烂鼻子厕所睡觉亲嘴——不知香臭

江湖佬的膏药——不知真假。

戏台上打架——不知真假。

佳丽喊疼——不知真假。

速记：江湖佬戏佳丽——不知真假

猪八戒吃人参果——不知贵贱。

一脚踢死个玉麒麟——不知贵贱。

黑瞎子吃人参——不知贵贱。

速记：猪八戒踢死黑瞎子——不知贵贱

外行人吃鱼——不知头尾。

半夜吃黄瓜——不知头尾。

蚂蟥游水——不知头尾。

速记：外行人半夜吃蚂蟥——不知头尾

心口不一好难白

猪八戒吃人参果——食而不知其味。
老太太吃牛筋——食而不知其味。
鸭子吃蜗牛——食而不知其味。
速记：猪八戒吃老鸭——食而不知其味

瞎子看秤——不知轻重。
扛着鸡毛换肩——不知轻重。
天平称大象——不知轻重。
速记：瞎子扛天平——不知轻重

乌鸦笑猪黑——不知自丑。
老太婆搽胭脂——不知自丑。
歪嘴照镜子——不知自丑。
速记：乌鸦老歪嘴——不知自丑

黑天摸黄鳝——不知长短。
洞里的蛇——不知长短。
摸到泥鳅当鳝鱼——不知长短。
速记：黑天洞里摸泥鳅——不知长短

旱鸭子过河——不知深浅。
蚂蚱跳到池塘里——不知深浅。
洗脸盆里扎猛子——不知深浅。
速记：旱鸭子跳到洗脸盆——不知深浅

261

歇后语 快速记忆法

老虎头上拍苍蝇——不知死活。
望乡台上打秋千——不知死活。
放鱼归海——不知死活。
买咸鱼放生——不知死活。
速记：老乡放鱼买咸鱼——不知死活

过年借礼帽——不识时务。
大年初一借袍子——不识时务。
三伏天借扇子——不识时务。
寒冬腊月送扇子——不识时务。
大热天送火炉——不识时务。
三九天卖凉粉——不识时务。
烂了的西红柿满街送——不识时务。
讨饭的找马骑——不识时务。
失火处说好看——不识时务。
速记：过大三寒大三烂讨火——不识时务

哈巴狗坐轿——不识抬举。
狗坐轿子——不识抬举。
坐轿打瞌睡——不识抬举。
下轿打轿夫——不识抬举。
敬酒不吃吃罚酒——不识抬举。
速记：哈巴狗坐下敬酒——不识抬举

好心当成驴肝肺——不识好歹。
有眼无珠——不识好歹。
速记：好心当成有眼无珠——不识好歹

心口不一好难自

瞎子赶路——不分昼夜。

盲人睡觉——不分昼夜。

稻草人干活——不分昼夜。

速记：瞎子睡稻草——不分昼夜

孪生的羊羔——不分彼此。

耕牛吃庄稼——不分彼此。

一口锅里吃饭——不分彼此。

一副碗筷两人用——不分彼此。

速记：孪生耕牛一锅碗——不分彼此

十字路口迷了路——不分东西。

坐南宫守北殿——不分东西。

速记：十字路口坐南宫——不分东西

瞎子吃黄瓜——不分老嫩。

半夜偷茄子——不分老嫩。

半夜摘黄瓜——不分老嫩。

速记：瞎子半夜偷摘黄瓜——不分老嫩

瞎子吃西瓜——不分青红皂白。

颜料店的抹布——不分青红皂白。

有理三扁担，无理扁担三——不分青红皂白。

一扫帚打杀十八只蟑螂——不分青红皂白。

速记：瞎子颜料店有一扫帚——不分青红皂白

263

歇后语快速记忆法

傻子下楼梯——不分高低。

床板下踢毽子——不分高低。

竹竿打水平平过——不分高低。

速记：傻子床板下踢竹竿——不分高低

棒槌当针——粗细不分。

东郭先生救狼——善恶不分。

跪在老虎面前喊恩人——善恶不分。

把妖精当成菩萨——善恶不分。

速记：东郭先生跪妖精——善恶不分

抓了芝麻丢西瓜——主次不分。

撒了谷子拾稻草——主次不分。

眉毛胡子一把抓——主次不分。

速记：西瓜稻草一把抓——主次不分

大观园里的闺秀——五谷不分。

看见麦苗叫韭菜——五谷不分。

速记：大观园看见麦苗——五谷不分

错把洋芋当天麻——好歹不分。

捡到篮子里都是菜——好歹不分。

黄牛十八，水牛十八——好歹不分。

鲜鱼烂虾一锅煮——好歹不分。

速记：错捡黄鱼——好歹不分

心口不一好难自

孔雀说成乌鸦——好坏不分。
谷子稗子堆一垛——好坏不分。
狗吃猪屎——好坏不分。
速记：孔雀谷子吃——好坏不分

檀香木盖茅房——香臭不分。
厕所里栽桂花树——香臭不分。
拿狗屎当麻花——香臭不分。
马桶里倒香水——香臭不分。
速记：檀香厕所拿马桶——香臭不分

拿着凤凰当鸡卖——贵贱不分。
珍珠掺到绿豆里卖——贵贱不分。
速记：拿着凤凰当珍珠——贵贱不分

大树底下晒太阳——阴阳不分。

三岁小孩贴对联——上下不分。
洗澡堂里的毛巾——上下不分。
脚盆里洗脸——上下不分。
脚戴帽子头顶靴——上下不分。
速记：三毛洗脸戴帽子——上下不分

唐僧遇见白骨精——敌我不分。
关云长不杀张文远——敌我不分。
速记：唐僧遇见关云长——敌我不分

265

歇后语 快速记忆法

错把李逵当张顺——黑白不分。
屎壳郎掉进面缸里——黑白不分。
闭着眼睛下围棋——黑白不分。
煤粉石灰掺一起——黑白不分。
速记：错把屎棋掺一起——黑白不分

牛栏里关猪——靠不住。
虎看羊群——靠不住。
麻雀嘴里的粮——靠不住。
瘫子靠瘸子——靠不住。
猫窝里藏干鱼——靠不住。
速记：牛虎麻瘫猫——靠不住

冬天的火炉——闲不住。
春天的蜜蜂——闲不住。
蚂蚁的腿，蜜蜂的嘴——闲不住。
速记：冬春蚂蚁——闲不住

猴子的屁股——坐不住。
火烧裤裆——坐不住。
板凳上撒蒺藜——坐不住。
速记：猴子火烧板凳——坐不住

橄榄屁股——坐不稳。
两条腿的板凳——坐不稳。
速记：橄榄屁股两条腿——坐不稳

心口不一好难自

太阳底下：太阳底下堆雪人——不长久。
　　　　　太阳底下的露水——不长久。
草上的露水瓦上的霜——不长久。
速记：太阳底下瓦上霜——不长久

受潮的麻花——不干脆。
泡软的豆子——不干脆。
速记：受潮的豆子——不干脆

铁锅炒蚕豆——干脆。
快刀切萝卜——干脆。
速记：铁锅炒萝卜——干脆

案板上砍骨头——干干脆脆。
香油炸麻花——干干脆脆。
速记：案板上砍麻花——干干脆脆

六月里响雷——不稀奇。
人身上的垢，鸭背上的水——不稀奇。
速记：六月人身上的垢——不稀奇

厕所里吃香瓜——不对味。
屙屎嗑瓜子——不对味。
吃糖瓜就咸菜——不对味。
甜酒里掺豆油——不对味。
速记：厕所屙屎吃甜酒——不对味

267

歇后语 快速记忆法

跌倒也要抓把沙——不落空。

偷猪不成摸只鸭——不落空。

速记：跌倒也要偷猪——不落空

隔夜的饭菜——不新鲜。

陈年谷子烂芝麻——不新鲜。

速记：隔夜的烂芝麻——不新鲜

脑壳痒了搔脚板——不相干。

你走你的阳关道，我过我的独木桥——互不相干。

凤有凤巢，鸟有鸟窝——互不相干。

速记：你走你的凤巢——互不相干

蛤蟆垫床脚——不是这块料。

麻布袋做龙袍——不是这块料。

朽木盖房子——不是这块料。

炒菜勺挖耳朵——不是这块料。

速记：蛤蟆麻木挖耳朵——不是这块料

冬天贩冰棒——不懂买卖经。

大年夜卖年画——不懂买卖经。

速记：冬天贩年画——不懂买卖经

心口不一好难自

金针菜喂骆驼——不够本钱。

买猪头钓王八——不够本钱。

一枪打死个麻雀——不够本钱。

大炮轰苍蝇——不够本钱。

速记：金针买枪炮——不够本钱

嫁出去的女儿，泼出去的水——收不回来。

大海里放鸭子——收不回来。

放出笼子的鸟——收不回来。

速记：嫁出去的女儿，大海里放鸟——收不回来

狗熊拜年——不敢受这个礼。

狐狸给鸡拜年——不敢受这个礼。

速记：狗熊拜狐狸——不敢受这个礼

麻雀抓老鸦——不是对手。

老母鸡斗黄鼠狼——不是对手。

鸡蛋碰石头——不是对手。

速记：麻雀抓老鸦——不是对手

癞蛤蟆撵鸭子——不要命了。

房檐上玩把戏——不要命了。

放着热酒不喝喝卤水——不要命了。

稻草人烤火——不要命了。

速记：癞蛤蟆房檐上放着稻草人——不要命了

269

歇后语快速记忆法

骑着老虎看美人——贪色不要命了。

猫鼠偷情——贪色不要命了。

速记：骑着老虎看偷情——贪色不要命了

除夕晚上跳井——活得不耐烦了。

寿星老儿吃砒霜——活得不耐烦了。

速记：除夕晚上吃砒霜——活得不耐烦了

老虎头上拍苍蝇——不想活了。

母猪去拱老虎门——不想活了。

蚂蚱蹦到油锅里——不想活了。

速记：老母猪蹦到油锅里——不想活了

手枪打飞机——不顶用。

打蚊子喂大象——不顶用。

树叶遮屁股——不顶用。

床底下躲雷——不顶用。

速记：手枪打树叶床——不顶用

靠屁吹火——不顶事。

烂木头架桥——不顶事。

纸糊老鼠洞——不顶事。

小鱼办大席——不顶事。

速记：靠烂纸办大席——不顶事

> 心口不一好难自

太平洋里一滴水——微不足道。

大象身上的跳蚤——微不足道。

牦牛身上拔根毛——微不足道。

速记：太平洋里大牦牛——微不足道

猴儿吃大蒜——不是滋味。

咬了口烂桃——不是滋味。

红糖拌辣椒——不是滋味。

甜酒里掺酱油——不是滋味。

速记：猴儿咬红糖甜酒——不是滋味

公鸡下蛋猫咬狗——不可思议。

狗啃石狮子——不可思议。

高粱秆上结茄子——不可思议。

冷灰里冒出个热豆子——不可思议。

速记：公狗高冷——不可思议

三九天穿短衫——抖不起威风。

笼子里的老虎——抖不起威风。

平地老虎浅水龙——抖不起威风。

速记：三九天笼子里的浅水龙——抖不起威风

双节吃：端午节吃饺子——与众不同。
　　　　　八月十五吃元宵——与众不同。

三条腿的蛤蟆——与众不同。

羊群里的骆驼，鸡群里的仙鹤——与众不同。

速记：双节吃三羊——与众不同

歇后语 快速记忆法

韩湘子吹箫——不同凡响。
雷公放屁——不同凡响。
原子弹爆炸——不同凡响。
此曲只应天上有——不同凡响。
速记：韩雷原曲——不同凡响

鳄鱼上岸——来者不善。
三进：董卓进京——来者不善。
　　　鬼子进村——来者不善。
　　　狐狸进宅院——来者不善。
三伏天的冰雹——来者不善。
速记：鳄鱼三进冰雹——来者不善

田间锄地遇杂草——不足为奇。
山上的石头，田里的莠草——不足为奇。
速记：田间锄地遇石头——不足为奇

二月间的桃子——不熟。
新娘子咬生馒头——人生面不熟。
新媳妇过门——人生地不熟。
满树的青梅——一个也不熟。

烧屋赶耗子——不合算。
偷鸡不成蚀把米——不合算。
卖绿豆掺珍珠——不合算。
豆腐盘成肉价钱——不合算。
为了虱子烧皮袄——不合算。
速记：烧鸡卖绿豆皮——不合算

心口不一好难自

张飞杀鸡——显不出真本事。

一枝梅花靠墙栽——显不出你来。

一块肥肉藏在饭碗底——有人情显不出来。

厕所里放玫瑰花——显不出那点香味。

大轮船开进苏州河——转不过弯来。

菜刀割麦——转不过弯来。

小巷子扛竹竿——转不过弯来。

毛驴走进窄胡同——转不过弯来。

速记：大菜刀，小毛驴——转不过弯来

老虎身上的虱子——惹不起。

地头蛇，母老虎——惹不起。

马蜂针，蝎子尾——惹不起。

速记：老虎地马——惹不起

老虎屁股上抓痒痒——惹祸上身。

披着蓑衣救火——惹祸上身。

兔子逗老鹰——惹祸上身。

速记：老虎救兔子——惹祸上身

小孩爬墙——高攀不上。

小娃娃耍单杠——高攀不上。

搭上梯子摘月亮——高攀不上。

和长颈鹿亲嘴——高攀不上。

速记：小孩娃娃搭亲——高攀不上

273

歇后语 快速记忆法

月亮里的桂花树——高不可攀。
参天大树——高不可攀。
三千丈的悬崖——高不可攀。
速记：月亮参天三千丈——高不可攀

八个麻雀抬轿子——担当不起。
蚂蚁抬大炮——担当不起。
高粱秆挑水——担当不起。
癞蛤蟆做垫脚石——担当不起。
速记：八个蚂蚁挑癞蛤蟆——担当不起

搭梯子摘星星——办不到的事。
搬起石头打天——办不到的事。
石板上挤水——办不到的事。
速记：搭梯子搬石板——办不到的事

白水锅里揭奶皮——办不到。
猴嘴里掏枣，狗嘴里夺食——办不到。
一根头发劈八瓣——办不到。
牛不喝水强按头——办不到。
速记：白猴劈牛——办不到

铁公鸡下蛋——不可能的事。
肚脐眼里放屁——不可能的事。
水缸里着火——不可能的事。
朝种树，夜乘凉——不可能的事。
速记：铁肚水缸种树——不可能的事

心口不一好难自

王妈妈照应武大郎——不是好事。

尼姑庵里藏和尚——不是好事。

狼崽进羊圈——不是好事。

速记：王妈妈照应尼姑庵里狼崽——不是好事

夫妻俩吵嘴——常有的事。

碰：马勺碰锅沿——常有的事。
　　　筷子碰碗——常有的事。

小孩子打架——常有的事。

速记：夫妻碰小孩子——常有的事

一

关于"一"有关的词汇，我总结成两句话：

1. 年年举见一场空

年年：年年都一样、年年如此

举：一举两得

（扩展：一物降一物、一年不如一年、一年一回、头一回、一模一样、一刀两断）

（简记：一物一年一模刀）

见：一见如故、一见钟情

（扩展：一个个来、一毛不拔、一锤子买卖、一步登天、一声不响）

（简记：一个毛锤一步声）

一场空、一无所有、一无所获。

（扩展：老一套、一时鲜、一路货）

（简记：老时路）

2. 里不碰天比拿垂

里外不一、不值一提、不值一文、碰一鼻子灰、天生一对（扩展：异想天开）、一个比一个、一个更比一个、十拿九稳、垂涎三尺（扩展：六亲不认、三句话不离本行）。

心口不一好难自

大年初一没月亮——年年都一样。
大年初一吃饺子——年年都一样。
正月十五打灯笼——年年都一样。
八月十五的月亮——年年都一样。
速记：没吃饺子打月亮——年年都一样

清明时节黄梅雨——年年如此。
三十晚上没月亮——年年如此。
速记：清明时节没月亮——年年如此

剃头捉虱子——一举两得。
过河洗脚——一举两得。
花：棉花地里种芝麻——一举两得。
　　荷花池里养鱼——一举两得。
放羊捡柴火——一举两得。
打枣捎带捉知了——一举两得。
厕屎堵田缺——一举两得。
放屁吹灯——一举两得。
速记：剃过花羊打屎屁——一举两得

大鱼吃小鱼，小鱼吃虾米，虾米吃青泥——一物降一物。
儿子怕老子，老子怕老婆，老婆怕儿子——一物降一物。
卤水点豆腐——一物降一物。
蛇吞老鼠鹰叼蛇——一物降一物。
速记：大儿子卤蛇——一物降一物

歇后语快速记忆法

老太婆过年——一年不如一年。

老人家拜年——一年不如一年。

姥姥过生日——一年不如一年。

速记：过年拜年过生日——一年不如一年

八月十五团圆节——一年一回。

正月十五打牙祭——一年一回。

速记：团圆节打牙祭——一年一回

闺女出嫁——头一回。

大姑娘坐轿——头一回。

大年初一吃饺子——头一回。

大年初一翻皇历——头一回。

速记：闺女坐轿吃翻——头一回

一群大雁朝南飞——一模一样。

姐姐穿妹妹的鞋——一模一样。

速记：大雁姐姐——一模一样

汉高祖斩白蛇——一刀两断。

包公怒铡陈世美——一刀两断。

快刀斩乱麻——一刀两断。

门槛上砍索索（绳子）——一刀两断。

速记：汉高祖包公快刀斩门槛——一刀两断

心口不一好难自

梁山伯看到祝英台——一见钟情。
张生遇见崔莺莺——一见钟情。
司马遇文君——一见钟情。
白娘子遇许仙——一见钟情。
速记：梁山张生遇马仙——一见钟情

贾宝玉见林妹妹——一见如故。
相逢何必曾相识——一见如故。
李世民遇房玄龄——一见如故。
速记：贾宝玉相逢李世民——一见如故

老太婆数鸡蛋——一个个来。
江边洗萝卜——一个个来。
姐弟俩过独木桥——一个个来。
筷子夹豌豆——一个个来。
速记：老江姐筷子夹豌豆——一个个来

瓷公鸡：瓷公鸡，玻璃猫——一毛不拔。
　　　　瓷公鸡，铁仙鹤——一毛不拔。
铁公鸡：铁公鸡请客——一毛不拔。
　　　　铁公鸡拜年——一毛不拔。
速记：瓷公鸡，铁公鸡——一毛不拔

瓦罐子里锤核桃——一锤子买卖。
丝瓜头敲锣——一锤子买卖。
砸锅卖铁——一锤子买卖。
速记：瓦丝砸锅卖铁——一锤子买卖

歇后语快速记忆法

高俅当太尉——一步登天。
孙悟空翻跟头——一步登天。
屎壳郎变知了——一步登天。
癞蛤蟆坐飞机——一步登天。
叫花子坐金銮殿——一步登天。
土地女儿嫁玉皇——一步登天。
速记：高孙屎蟆叫土地——一步登天

冬天的知了——一声不响。
黄瓜敲木钟——一声不响。
打湿了的爆竹——一声不响。
稻草打鼓——一声不响。
速记：冬瓜打稻草——一声不响

寡妇梦丈夫——一场空。
海底捞月——一场空。
油煎冰棒——一场空。
竹篮打水——一场空。
速记：寡妇捞油水——一场空

叫花子搬家——一无所有。
叫花子卖掉短裤——一无所有。
空手拍巴掌——一无所有。
速记：叫花子搬掉手——一无所有

心口不一好难自

聋子听戏，瞎子观灯——一无所获。

打：枯井打水——一无所获。

烂网打鱼——一无所获。

瞎子看哑剧——一无所获。

速记：聋子打瞎子——一无所获

八十岁婆婆穿袜子——老一套。

爷爷棉袄孙子穿——老一套。

和尚敲木鱼——老一套。

黑瞎子耍扁担——老一套。

速记：八爷和黑瞎子——老一套

春天的山茶花——一时鲜。

春天的韭菜——一时鲜。

七月的荷花——一时鲜。

速记：春天的山韭七月花——一时鲜

四人帮玩螃蟹——一路货。

池里王八塘里鳖——一路货。

柳条串王八——一路货。

驴头马面——一路货。

速记：四人池里串驴头——一路货

绣花枕头包稻草——里外不一。

挂羊头卖狗肉——里外不一。

速记：绣花枕头挂羊头——里外不一

歇后语快速记忆法

屎壳郎放屁——不值一文。

屁股上抹香水——不值一文。

路边上的狗屎——不值一文。

速记：屎壳郎屁股上抹狗屎——不值一文

马尾拴豆腐——不值一提。

吊：起重机吊灯草——不值一提。

　　　沙牛屁股上吊灯笼——不值一提。

蚂蚁尿湿柴——不值一提。

速记：马尾吊蚂蚁——不值一提

屎壳郎爬香炉——碰一鼻子灰。

抱着香炉打喷嚏——碰一鼻子灰。

速记：屎壳郎抱着香炉——碰一鼻子灰

金鸡配凤凰——天生一对。

牛郎配织女——天生一对。

棒打鸳鸯不散——天生一对。

瘸驴配破磨——天生一对。

速记：金牛棒打瘸驴——天生一对

小水沟里撑大船——异想天开。

一锹挖出个金娃娃——异想天开。

鸡窝里飞出金凤凰——异想天开。

叫铁公鸡下蛋——异想天开。

速记：小水沟里金鸡叫——异想天开

心口不一好难自

金刚石钻钻瓷器——一个比一个硬。

马脸比猪头——一个比一个丑。

蜈蚣遇到眼镜蛇——一个比一个毒。

墙头上的马蜂，墙缝里的蝎子——一个比一个毒。

拔了萝卜栽上姜——一个比一个辣。

唐僧的徒弟——一个比一个强。

屎壳郎落在猪身上——一个比一个黑。

速记：金马蜈蜂拔唐屎——一个比一个

黄鼠狼拜狐狸——一个更比一个坏。

躲过野牛碰上虎——一个更比一个凶。

老子偷猪儿偷牛——一个更比一个凶。

黄牛脚印水牛踩——一个更比一个歪。

苦瓜树上结黄连——一个更比一个苦。

速记：黄鼠狼躲老黄牛苦——一个更比一个

脸盆里摸鱼，笼子里捉鸡——十拿九稳。

三个指头捡田螺——十拿九稳。

石头缝里逮螃蟹——十拿九稳。

速记：脸盆里摸三个石头——十拿九稳

黄鼠狼听鸡叫——垂涎三尺。

猪八戒见了白骨精——垂涎三尺。

口水流到肚脐上——垂涎三尺。

饿狗等骨头——垂涎三尺。

速记：黄猪口饿——垂涎三尺

283

歇后语快速记忆法

哈巴狗戴眼镜——六亲不认。

包公审案子——六亲不认。

鱼吃鱼，虾吃虾，乌龟吃王八——六亲不认。

房顶开门——六亲不认。

灶炕挖井——六亲不认。

速记：哈巴狗包鱼，房顶挖井——六亲不认

打猎的不说渔网，卖驴的不说牛羊——三句话不离本行。

屠夫说猪，农夫说谷——三句话不离本行。

速记：打猎的不说屠夫——三句话不离本行

心口不一好难自

■ 好

与"好"有关的词汇，我总结成两句话：

1. 尽力投越心事大

尽想好事、费力不讨好、吃力不讨好、投其所好、越变越好、越多越好（扩展：越来越、越老越红）、好心不得好报、好事成双、好大的胆子、好大的口气、好大的牌子、好大的面子、好大的脸面。

2. 花块好景坏得很

花好月圆、块块好、好景不长、坏透了、好得很。

歇后语快速记忆法

猪八戒做梦娶媳妇——尽想好事。

光棍梦见娶老婆——尽想好事。

走路拾馒头，摔跤捡票子——尽想好事。

速记：猪光棍走路——尽想好事

周瑜讨荆州——费力不讨好。

老公公背儿媳妇过河——费力不讨好。

大伯背兄弟媳妇过河——费力不讨好。

大姑娘养孩子——费力不讨好。

新媳妇做夹生饭——费力不讨好。

搬石头上山——费力不讨好。

速记：周老大新媳妇搬石头——费力不讨好

驼子翻跟斗——吃力不讨好。

老弟背阿嫂——吃力不讨好。

猪八戒背媳妇——吃力不讨好。

背媳妇烧香——吃力不讨好。

背死人过河——吃力不讨好。

速记：驼子老弟背媳妇过河——吃力不讨好

见狗扔骨头——投其所好。

爱喝酒的不给烟——投其所好。

吃辣的送辣椒，吃甜的送蛋糕——投其所好。

烂肉喂苍蝇——投其所好。

速记：狗爱吃烂肉——投其所好

心口不一好难自

山鸡变孔雀——越变越好。
鸟枪换大炮——越变越好。
棉袄改皮袄——越变越好。
速记：山鸟改皮袄——越变越好

呆子求财——越多越好。
开饭馆不怕大肚汉——越多越好。
速记：呆子开饭馆——越多越好

蚕宝宝吃桑叶——胃口越来越大。
惊蛰后的蜈蚣——越来越凶。
米箩里跳到糠箩里——越来越糟。

八月的柿子——越老越红。
旱地的北瓜——越老越红。
属辣椒的——越老越红。
速记：八月旱地的辣椒——越老越红

农夫救蛇——好心不得好报。
东郭先生救狼——好心不得好报。
老虎：给老虎捉虱子——好心不得好报。
　　　狗给老虎搔痒痒——好心不得好报。
速记：农夫先生救老虎——好心不得好报

歇后语 快速记忆法

儿子成亲父做寿——好事成双。

才子佳人结鸳鸯——好事成双。

中了状元招驸马——好事成双。

速记：儿子才中了状元——好事成双

老鼠骑在猫身上——好大的胆子。

老虎头上拉屎——好大的胆子。

电线杆上绑鸡毛——好大的胆子。

速记：老鼠老虎绑鸡毛——好大的胆子

蚊子吃老虎——好大的口气。

蚊子打哈欠——好大的口气。

吃过三斤老蒜头——好大的口气。

速记：蚊子吃打老蒜头——好大的口气

脑壳上顶门板——好大的牌子。

敲锅盖卖烧饼——好大的牌子。

速记：脑壳上敲锅盖——好大的牌子

澡盆里洗脸——好大的面子。

被单布洗脸——好大的面子。

速记：澡盆里洗被单布——好大的面子

三张纸画个驴头——好大的脸面。

屁股上画眉毛——好大的脸面。

速记：三张纸画屁股——好大的脸面

心口不一好难自

八月十五桂花香——花好月圆。
中秋节赏桂花——花好月圆。
速记：八月十五中秋节——花好月圆

瞎子吃羊肉——块块好。
叫花子吃狗肉——块块好。
癞子吃猪肉——块块好。
速记：瞎子叫癞子吃猪肉——块块好

袁世凯当皇帝——好景不长。
李自成进北京——好景不长。
七仙女下凡——好景不长。
正月十五放烟花——好景不长。
干河滩里种牡丹——好景不长。
速记：袁李七正月种牡丹——好景不长

脑壳上生疮，脚板心流脓——坏透了。
肚脐眼里生疮——坏透了。
速记：脑肚生疮——坏透了

丈母娘夸姑父——好得很。
挖井碰上喷泉——好得很。
速记：丈母娘挖井——好得很

■ 难

与"难"有关的词汇，我总结成一句话：在下办过收本命

在劫难逃、难下手、难办、难过、日子难过、难以收场、本性难移、命难逃。

心口不一好难目

庞统到了落凤坡——在劫难逃。
怕死碰上鬼——在劫难逃。
老鼠碰上猫——在劫难逃。
鲤鱼咬钩——在劫难逃。
速记：庞统怕老鲤——在劫难逃

碗柜里打老鼠——难下手。
滚油锅里捡金子——难下手。
蚂蚱腿上刮精肉——难下手。
速记：碗柜里捡金子、刮精肉——难下手

巧妇去做无米之炊——难办。
沙滩上种水稻——难办。
海底打捞绣花针——难办。
速记：巧妇去沙海——难办

大风天走独木桥——难过。
半夜里的寡妇——难过。
高粱秆搭桥——难过。
速记：大风天半夜搭桥——难过

叫花子没隔夜米——日子难过。
小媳妇遇上恶婆婆——日子难过。
勒紧裤带数日月——日子难过。
速记：叫小媳妇勒紧裤带数日月——日子难过

歇后语快速记忆法

大雨天打麦子——难以收场。

倒翻芝麻担——难以收场。

速记：大雨天倒翻芝麻担——难以收场

潘金莲偷汉子——本性难移。

狗走千里吃屎，狼行千里吃肉——本性难移。

速记：潘金莲偷狗——本性难移

蜈蚣遇公鸡——命难逃。

蚂蚱碰上鸡——命难逃。

蜻蜓撞着蜘蛛网——命难逃。

麻雀钻到烟囱里——命难逃。

速记：蜈蚣蚂蚱蜻麻雀——命难逃

■ 自

与"自"有关的词汇，我总结成两句话：

1. 找美做保

自找麻烦、自找难受、自以为美、自作自受、自作多情、自身难保。

2. 我不讨食吃投流

自我膨胀、自不量力、不请自来、自己不觉得、自己不觉得黑、自讨的、自讨苦吃、自讨没趣、自食其力、自食其果、自吃自、自投罗网、放任自流。

歇后语 快速记忆法

放蚊子进帐——自找麻烦。

请个猴子看桃园——自找麻烦。

麦糠擦屁股——自找麻烦。

烂膏药贴好肉——自找麻烦。

背石头上山——自找麻烦。

速记：蚊猴麦糠擦烂背——自找麻烦

蛤蟆吞鱼钩——自找难受。

六月穿皮袄——自找难受。

速记：蛤蟆穿皮袄——自找难受

猪八戒戴耳环——自以为美。

歪嘴婆娘戴兰花————自以为美。

乌鸦身上插花翎——自以为美。

速记：猪八戒歪嘴插花翎——自以为美

商鞅制法——自作自受。

犯人打枷——自作自受。

铁匠戴手铐——自作自受。

手掌心里放烙铁——自作自受。

搬起石头砸自己的脚——自作自受。

蒙着被子放屁——自作自受。

速记：商犯铁手搬被子——自作自受

哭了半天不知谁死了——自作多情。

> 心口不一好难自

泥菩萨过河——自身难保。
土地老儿被蛇咬——自身难保。
稻草人救火——自身难保。
速记：泥土救火——自身难保

开水泡黄豆——自我膨胀。
蒸笼里的馒头——自我膨胀。
茶杯里的胖大海——自我膨胀。
速记：开水蒸胖大海——自我膨胀

三人：关公门前耍大刀——自不量力。
　　　鲁班门前弄大斧——自不量力。
　　　孔子门前卖《论语》——自不量力。
两搬：蚂蚁搬泰山——自不量力。
　　　搬起磨盘打月亮——自不量力。
麻雀斗公鸡——自不量力。
鸡蛋碰石头——自不量力。
螳臂当车——自不量力。
泥鳅想翻船——自不量力。
速记：三人两搬斗，鸡蛋挡泥鳅——自不量力

孙猴子赴蟠桃宴——不请自来。
卢俊义上梁山——不请自来。
速记：孙猴子赴梁山——不请自来

乌龟笑猪黑——自己不觉得。
乌鸦笑猪黑——自己不觉得黑。

歇后语 快速记忆法

黄盖挨板子——自讨的。

叫花子背米——自讨的。

叫花子吃剩饭——自讨的。

速记：黄盖背米吃剩饭——自讨的

东郭先生救狼——自讨苦吃。

把手插进磨眼里——自讨苦吃。

药：无病吃药——自讨苦吃。

　　蚂蚱飞到药罐里——自讨苦吃。

黄连：叫花子要黄连——自讨苦吃。

　　　猴子偷黄连——自讨苦吃。

　　　啄木鸟飞上黄连树——自讨苦吃。

　　　扔下馒头吃黄连——自讨苦吃。

速记：东郭先生把手药黄连——自讨苦吃

蒋干上东吴——自讨没趣。

烂巴眼照镜子——自讨没趣。

逗哑巴挨口水——自讨没趣。

猫舔狗鼻子——自讨没趣。

速记：蒋干烂逗猫——自讨没趣

光棍种地——自食其力。

上山打柴，下河摸鱼——自食其力。

速记：光棍上山打柴——自食其力

心口不一好难自

光棍栽桃树——自食其果。
孙猴子守桃园——自食其果。
速记：光棍守桃园——自食其果

大拇指卷煎饼——自吃自。
嚼烂舌头当肉吃——自吃自。
鼻涕流到嘴巴里——自吃自。
速记：大嚼烂鼻涕——自吃自

蚊子找蜘蛛——自投罗网。
苍蝇吃蜘蛛——自投罗网。
飞蛾逮蜘蛛——自投罗网。
鸡给黄鼠狼拜年——自投罗网。
绵羊进狼窝——自投罗网。
速记：蚊蝇飞鸡进狼窝——自投罗网

缺口碗盛米汤——放任自流。
屙尿不撑手——放任自流。
速记：缺口碗屙尿不撑手——放任自流

297

倒霉得险多白死

与"倒霉"有关的词汇在歇后语里并不多,我总结了两个。

倒霉透了、该倒霉(扩展:活该)。

倒霉得险多白死

■ 倒霉

曹操背时遇蒋干，蚕豆背时遇稀饭——倒霉透了。
闭眼听见乌鸦叫，睁眼看见扫帚星——倒霉透了。
卖面粉遇大风——倒霉透了。
屋漏偏遭连阴雨，船破又遇顶头风——倒霉透了。
喝凉水塞牙缝——倒霉透了。
放屁砸了脚后跟——倒霉透了。
速记：曹操闭眼卖屋，喝凉水放屁——倒霉透了

喝水塞牙缝，放屁扭了腰——该倒霉。

小偷挨巴掌——活该。
蚂蚁碰上鸡——活该。
蜗牛吃蜈蚣——活该。
抱着金砖挨饿——活该。
速记：小蚂牛抱着金砖挨饿——活该

■ 得

与"得"有关的词汇，我总结成两句话。

1. 借舍求碰不得已

借不得、舍不得、求之不得、碰不得、不得已、迫不得已。

2. 难管不过穷贪差

难得的机会、难得的好处、难得一回、难得有一回。

管得宽、得不偿失、得过且过、穷得叮当响、贪得无厌、差得远。

倒霉得险多白死

年三十的案板——借不得。
过年的砧板——借不得。
大年初一的袍子——借不得。
六月的扇子——借不得。
速记：年三十过年大六月——借不得

寡妇打孩子——舍不得。
金鲫鱼喂猫——舍不得。
速记：寡妇金鲫鱼喂猫——舍不得

癞子头上抓痒——求之不得。
猴子看果园——求之不得。
母鸡掉进米箩里——求之不得。
瞌睡碰着枕头——求之不得。
速记：癞猴掉瞌睡——求之不得

瓷器店里的老鼠——碰不得。
马蜂的屁股——碰不得。
属含羞草的——碰不得。
蝎子的尾巴——碰不得。
速记：瓷器店里的马蜂属蝎子——碰不得

刘备取成都——不得已。
诸葛亮摆空城计——不得已。
速记：刘备摆空城计——不得已

301

歇后语 快速记忆法

宋江怒杀阎婆惜——迫不得已。

孔明用空城计——迫不得已。

半夜三更上茅房——迫不得已。

速记：宋江孔明上茅房——迫不得已

正月初一见明月——难得的机会。

十年等个闰腊月——难得的机会。

赶考中状元——难得的机会。

走路拾元宝——难得的机会。

老虎打瞌睡——难得的机会。

速记：正月腊月赶走老虎——难得的机会

黎明的觉，半道的妻，羊肉饺子清炖鸡——难得的好处。

瞎猫碰着死老鼠——难得的好处。

速记：黎明瞎猫碰着死老鼠——难得的好处

汽车撞轮船——难得一回。

强盗发善心——难得一回。

速记：汽车撞强盗——难得一回

百岁老人过生日——难得有一回。

女儿国办婚事——难得有一回。

速记：百岁老人办婚事——难得有一回

倒霉得险多白死

东村村长管西村——管得宽。
和尚管道士——管得宽。
太平洋的警察——管得宽。
吃一升米的饭，管一斗米的事——管得宽。
速记：东村村长和警察吃饭——管得宽

烧屋赶耗子——得不偿失。
偷鸡不成蚀把米——得不偿失。
丢了西瓜捡芝麻——得不偿失。
拾个秤砣砸烂锅——得不偿失。
珍珠打麻雀——得不偿失。
打着兔子跑了马——得不偿失。
速记：烧鸡丢了拾个麻兔——得不偿失

做一天和尚撞一天钟——得过且过。
自行车走田坎——得过且过。
寒号鸟晒太阳——得过且过。
速记：和尚自行晒太阳——得过且过

过年敲锅盖——穷得叮当响。
敲着饭碗讨吃的——穷得叮当响。
马勺当锣打——穷得叮当响。
速记：过年敲马勺——穷得叮当响

303

歇后语快速记忆法

考上秀才想当官，登上泰山想升天——贪得无厌。
衣食不愁想当官，做了大官想成仙——贪得无厌。
骑着毛驴思骏马，官居宰相望王侯——贪得无厌。
得了五谷想六谷，有了肉吃嫌豆腐——贪得无厌。
看着星星想着月亮——贪得无厌。
又想要公羊，又盼有奶喝——贪得无厌。
速记：秀才食驴得看羊——贪得无厌

火鸡比天鹅——差得远。
骑着黄牛撵火车——差得远。
飞机上钓鱼——差得远。
竹竿钩月亮——差得远。
隔着黄河握手——差得远。
速记：火鸡骑牛飞月黄河——差得远

倒霉得险多白死

■ 危险

本篇除了"危险"一词外,还罗列了一些有关的词语。

1. 混蛋滚蛋出毛病

混蛋、滚蛋、出头露面。

毛病、小毛病、老毛病、毛病不少、眼前就是毛病、上下都有毛病

2. 独苗蛮干拖够呛

单根独苗、一根独苗、蛮干、拖泥带水、够呛。

3. 狡猾欺软干着急

狡猾、老奸巨猾、欺软怕硬、捡软的欺、干着急

305

歇后语 快速记忆法

百岁老人攀枯树——危险。
万丈高楼失足，杨子江心翻船——危险。
二手：手掌当砧板——危险。
　　　手榴弹擦屁股——危险。
舌尖上磨刀——危险。
速记：百万二手刀——危险

石头放在鸡窝里——混蛋。
鸡蛋鸭蛋炒鹅蛋——混蛋。
速记：石头鸡蛋——混蛋

屎壳郎推车——滚蛋。
马铃薯下山——滚蛋。
卖鸡蛋的跌跤——滚蛋。
速记：屎马跌跤——滚蛋

王八吃蜻蜓——出头露面。
猪八戒掀门帘——出头露面。
速记：王八掀门帘——出头露面

狗背上贴膏药——毛病。
胡子长疮——毛病。
速记：狗背上长疮——毛病

老鼠尾巴长疮——小毛病。
娃娃长胡子——小毛病。
速记：老鼠长胡子——小毛病

倒霉得险多白死

八十岁尿床——老毛病。
寿星老儿气喘——老毛病。
速记：八十岁气喘——老毛病

买只羊羔不吃草——毛病不少。
浑身贴膏药——毛病不少。
速记：买只羊羔不吃药——毛病不少

脸蛋贴膏药——眼前就是毛病。
鼻子生疮——眼前就是毛病。
速记：脸蛋生疮——眼前就是毛病

癞子长脚板疮——上下都有毛病。

百亩田里长棵谷——单根独苗。
茶壶里栽大蒜——一根独苗。

赤膊捅马蜂窝——蛮干。
开刀不上麻药——蛮干。
速记：赤膊开刀——蛮干

泥瓦匠干活——拖泥带水。
稻田里干活——拖泥带水。
黄鼠狼过水田——拖泥带水。
速记：泥瓦匠稻田里过水田——拖泥带水

歇后语快速记忆法

小鸡吃黄豆——够呛。
关门炒辣椒——够呛。
鼻孔喝水——够呛。
速记：小鸡关门喝水——够呛

山上的狐狸——狡猾透了。
油缸里的老鼠——滑透了。
鳝鱼的脑袋——又尖又滑。
河里的泥鳅种，山上的狐狸王——老奸巨猾。

啃不了骨头吃豆腐——欺软怕硬。
鸡蛋打豆腐——欺软怕硬。
降不住猪肉降豆腐——欺软怕硬。
速记：吃打豆腐降豆腐——欺软怕硬

八哥吃柿子，雷公打豆腐——捡软的欺。

哑巴有理说不清——干着急。
小媳妇看花轿——干着急。
隔河看见鸡吃谷——干着急。
急惊风碰着慢郎中——干着急。
速记：哑巴媳妇隔河急——干着急

倒霉得险多白死

■ 多

与"多"有关的词汇，我总结成一句话：面子如此凶多面手、点子多、多余、多此一举、凶多吉少。

歇后语 快速记忆法

做烧饼的卖汤圆——多面手。

既会杀猪，又会做饭——多面手。

速记：做烧饼的会杀猪——多面手

王二麻子当军师——点子多。

立秋的石榴——点子多。

癞蛤蟆的脊梁——点子多。

麻丫头照镜子——点子多。

速记：王二立秋癞丫头——点子多

教猴子爬树——多余。

担心手臂比腿粗——多余。

刮风扫地，下雨泼街——多余。

背石头上山——多余。

吃：吃稀饭泡米汤——多余。
　　吃面条找头子——多余。

点：太阳底下点灯——多余。
　　挂着蚊帐点蚊香——多余。

梳：尼姑的木梳——多余。
　　秃子争木梳——多余。

速记：猴手刮背吃点梳——多余

倒霉得险多白死

八擒孟获——多此一举。

爹爹给婆婆拜年——多此一举。

两口子拜年——多此一举。

凤凰身上插鸡毛——多此一举。

杀鸡问客——多此一举。

吃咸鱼蘸酱油——多此一举。

喝凉水拿筷子——多此一举。

香水洒到茅坑里——多此一举。

外婆送亲——多此一举。

骑驴背磨盘——多此一举。

骑驴顶娃娃——多此一举。

脱裤子放屁——多此一举。

阴天打阳伞——多此一举。

瓦屋顶上盖茅草——多此一举。

速记：八拜鸡吃喝香，外婆骑驴放打草——多此一举

黄羊跑到虎穴里——凶多吉少。

武大郎算卦——凶多吉少。

狐狸跟着猎人走——凶多吉少。

洞庭湖上踩钢丝——凶多吉少。

速记：黄武狐洞——凶多吉少

311

歇后语快速记忆法

■ 白

与"白"有关的词汇,我总结成一句话:白日糟蹋忙搭费

白日做梦、白糟蹋、白忙活、白搭、白费口舌、白费工夫、白费力气、白费心机、白费劲(扩展:空劳神)。

> 倒霉得险多白死

癞蛤蟆想吃灵芝草——白日做梦。
太阳地里望星星——白日做梦。
速记：癞蛤蟆望星星——白日做梦

丝绸口袋装狗屎——白糟蹋。
有油添不到轴承上——白糟蹋。
乌龟吃大米——白糟蹋。
龙袍当褰衣——白糟蹋。
速记：丝绸口袋有乌龙——白糟蹋

东沟摸鱼，西沟放生——白忙活。
黑瞎子掰苞谷——白忙活。
毛猴子捞月亮——白忙活。
鸭子孵小鸡——白忙活。
速记：东沟黑毛鸭——白忙活

炒韭菜搁葱——白搭。
饺子铺的酱油——白搭。
拉肚子吃补药——白搭。
速记：炒韭菜搁酱油拉肚子——白搭

好经念给聋施主——白费口舌。
劝牛不吃草——白费口舌。
对着聋子讲故事——白费口舌。
对着哑巴说话——白费口舌。
速记：好经劝聋哑——白费口舌

歇后语快速记忆法

瞎子看西洋镜——白费工夫。
贼偷叫花子——白费工夫。
担雪填深井——白费工夫。
竹篮打水——白费工夫。
速记：瞎子偷雪水——白费工夫

瞎子打蚊子——白费力气。
大风里骂聋子——白费力气。
毒蛇喷缸瓦——白费力气。
速记：瞎子骂毒蛇——白费力气

水底捞月——白费心机。
十二月钓田鸡——白费心机。
按鸡头啄米——白费心机。
速记：水底钓田鸡头——白费心机

麻雀摇大树——白费劲。
疯狗咬日头——白费劲。
人死请郎中——白费劲。
井水挑到江边卖——白费劲。
开水锅里揭奶皮——白费劲。
速记：麻疯人挑开水——白费劲

讨饭的起五更——空劳神。
爬上树摘月亮——空劳神。
抬菩萨洗澡——空劳神。
速记：讨饭的爬上树抬菩萨——空劳神

倒霉得险多白死

■ 死

与"死"有关的词汇，我总结成一句话：不找活路，对头离定了，该等

死不要脸、找死、死活都要钱、死路一条、死对头、离死不远、死定了（扩展：输定了）、该死、罪该万死、等死。

扩展：绝处逢生、落地生根。

歇后语快速记忆法

吊死鬼不穿裤子——死不要脸。
吊死鬼当婊子——死不要脸。
戴着面具进棺材——死不要脸。
速记：吊死鬼进棺材——死不要脸

老虎嘴上拔胡子——找死。
鲤鱼跳到渔船上——找死。
冬天躲在雪地里——找死。
悬崖上翻跟头——找死。
癞蛤蟆跳油锅——找死。
飞蛾扑火——找死。
鸡斗黄鼠狼——找死。
速记：老鲤躲翻癞飞鸡——找死

医院办火葬场——死活都要钱。
郎中卖棺材——死活都要钱。
棺材铺的买卖——死活都要钱。
速记：医院郎中卖棺材——死活都要钱

瞎子过独木桥——死路一条。
蛤蟆掉进滚油锅——死路一条。
蚂蚁上蒸锅——死路一条。
马到悬崖不收缰——死路一条。
速记：瞎子蛤蟆上悬崖——死路一条

倒霉得险多白死

豺狼恨猎人——死对头。
棺材里打架——死对头。
鸡与蜈蚣——死对头。
速记：豺狼棺鸡——死对头

茅房里开铺——离死不远。
茅坑边上摔跤——离死不远。
阎王下请帖——离死不远。
速记：茅房茅坑下请帖——离死不远

吃了砒霜再上吊——死定了。
打入虎头牢房——死定了。
速记：吃了砒霜入牢房——死定了

叫花子同龙王比宝——输定了。
下棋丢了帅——输定了。
速记：叫花子下棋丢了帅——输定了

山猪碰上猎人——该死。
大虾跳到油锅里——该死。
做贼的掉进井里——该死。
速记：山猪大虾做贼——该死

苍蝇落到热油锅——罪该万死。

317

歇后语 快速记忆法

屠场里的肥猪——等死。

病重不吃药——等死。

活人躺在棺材里——等死。

速记：肥猪病重躺在棺材里——等死

司马懿进葫芦谷——绝处逢生。

林冲到了野猪林——绝处逢生。

迷途望见北斗星——绝处逢生。

翻船抓到救生圈——绝处逢生。

速记：司马林冲迷翻船——绝处逢生

春天的柳树枝——落地生根。

花生地里开花——落地生根。

速记：春天的花生——落地生根

大眼装闲有没无

与"大"有关的词汇，我总结成两句话。

1. 大惊题材因有欺

大惊小怪（扩展：少见多怪）、小题大做、大材小用、因小失大（扩展：因祸得福）、有大有小、以大欺小、以小欺大。

2. 明后天大小数随皆吉神

正大光明、后劲大、天大的、大开眼界、小气、数它大、随大流、皆大欢喜、溜之大吉、神通广大。

歇后语快速记忆法

■ 大

父子观虎斗——大惊小怪。
看见草绳就喊蛇——大惊小怪。
速记：父子看见草绳就喊蛇——大惊小怪

蜀犬吠日——少见多怪。
见了骆驼说马肿背——少见多怪。
速记：蜀犬见了骆驼说马肿背——少见多怪

孩子考妈妈——小题大做。
掏耳朵用马勺——小题大做。
鸡窝门口贴对联——小题大做。
杀鸡用牛刀——小题大做。
速记：孩子掏鸡窝杀鸡——小题大做

庞统当知县——大材小用。
千里马逮老鼠——大材小用。
酒坛子当夜壶——大材小用。
高射炮打蚊子——大材小用。
四大金刚扫地——大材小用。
百年松树当柴烧——大材小用。
琉璃瓦盖鸡窝——大材小用。
速记：庞马坛射四百鸡——大材小用

刘备报仇——因小失大。
拆掉房子捉蟋蟀——因小失大。
丢了西瓜拣芝麻——因小失大。
打鹿取茸——因小失大。
杀鸡取卵——因小失大。
速记：刘备拆房丢鹿鸡——因小失大

塞翁失马——因祸得福。
老鼠跌进米囤里——因祸得福。
鸡仔跌进米缸里——因祸得福。
速记：塞翁失老鸡——因祸得福

芝麻地里种西瓜——有大有小。
李子掺着葡萄卖——有大有小。
一棵树上的核桃——有大有小。
速记：芝麻地里种李树——有大有小

大象踩蚂蚁——以大欺小。
大鱼吃小鱼，小鱼吃虾米——以大欺小。
速记：大象踩大鱼——以大欺小

蚊子叮大象——以小欺大。

秃子头上拍巴掌——正大光明。
和尚头上打苍蝇——正大光明。
八月十五的月亮——正大光明。
速记：拍打月亮——正大光明

歇后语 快速记忆法

杏花村的酒——后劲大。

车屁股安发动机——后劲大。

速记：杏花村的车屁股——后劲大

玉皇大帝招驸马——天大的喜事。

玉皇大帝愁驸马——天大的笑话。

玉皇大帝送祝米——天大的人情。

玉皇大帝下请帖——天大的好事。

井底蛤蟆上井台——大开眼界。

额头上挂钥匙——大开眼界。

速记：井底蛤蟆挂钥匙——大开眼界

蚊子放屁——小气。

麦秆吹火——小气。

三分钱买烧饼看厚薄——小气。

米数颗粒麻数根——小气。

吃虱子留后腿——小气。

速记：蚊子麦买米吃——小气

芝麻里的绿豆——数它大。

菜籽里的黄豆——数它大。

黄豆地里的西瓜——数它大。

羊圈里的骆驼——数它大。

速记：芝麻菜籽黄羊——数它大

正月十五赶庙会——随大流。
大年初一吃饺子——随大流。
死了丈人哭爹——随大流。
河里的小虾——随大流。
速记：赶庙会吃死小虾——随大流

端午节吃粽子——皆大欢喜。
除夕吃团年饭——皆大欢喜。
速记：端午节吃团年饭——皆大欢喜

荷叶包黄鳝——溜之大吉。
脚板心抹油——溜之大吉。
速记：荷叶抹油——溜之大吉

孙悟空的金箍棒——神通广大。
如来佛的法力——神通广大。
济公的扇子——神通广大。
速记：孙如公——神通广大

■ 眼

与"眼"有关的词汇，我总结成两句话。

1. 睁眼观看土弦图

睁只眼闭只眼、眼不见为净、观点鲜明、观点模糊、看不上眼、看花了眼、土洋结合、弦外之音、图热闹、光图热闹

2. 瞎走少看不显眼

瞎指挥、走着瞧、少见、看错了人、认错了人（找错了人、走错了门）、不显眼。

独眼龙看告示——睁只眼闭只眼。
鸟枪打兔子——睁只眼闭只眼。
夜猫子睡觉——睁只眼闭只眼。
猫头鹰打瞌睡——睁只眼闭只眼。
速记：独眼龙鸟枪打夜猫——睁只眼闭只眼

张果老闭着眼睛吃虱子——眼不见为净。
瞎子三天不洗脸——眼不见为净。
瞎子吃苍蝇——眼不见为净。
闭眼吃虱子——眼不见为净。
速记：张瞎子不吃虱子——眼不见为净

麻子打灯笼——观点鲜明。

麻姑娘搽雪花膏——观点模糊。
近视眼看麻子——观点模糊。
速记：麻姑娘近视眼——观点模糊

大鸡不吃碎米——看不上眼。
大龙不吃小干鱼——看不上眼。
台上唱戏，台下打鼾——看不上眼。
相媳妇的扭头——看不上眼。
速记：鸡龙台上相媳妇——看不上眼

猪八戒进了女儿国——看花了眼。
额角上栽月季——看花了眼。
戴着眼镜挑媳妇——看花了眼。
速记：猪八戒额角上戴眼镜——看花了眼

歇后语快速记忆法

丝光袜子套草鞋——土洋结合。
打火机点烟袋锅——土洋结合。
孔夫子穿西服——土洋结合。
速记：丝光口子打孔——土洋结合

胡琴里藏知了——弦外之音。
拉胡琴打喷嚏——弦外之音。
速记：胡琴里拉胡琴——弦外之音

戏园子里打瞌睡——图热闹。
喝米汤划拳——图热闹。
速记：戏园子里划拳——图热闹

傻子赶庙会——光图热闹。
呆子看戏——光图热闹。
速记：傻子赶庙会看戏——光图热闹

八月十五种花生——瞎指挥。
算命先生当军师——瞎指挥。
双目失明当警察——瞎指挥。
速记：八月十五算命先生双目失明——瞎指挥

正月十五看花灯——走着瞧。
张果老骑驴看唱本——走着瞧。
大姑娘穿花鞋——走着瞧。
坐汽车看风景——走着瞧。
火车上放电影——走着瞧。
速记：正月十五老大看电影——走着瞧

六月下大雪——少见。

腊月打雷——少见。

姑娘长胡子——少见。

宴席上摆狗肉——少见。

速记：六腊月姑娘摆狗肉——少见

蚊子叮观音——看错了人。

蚊子叮菩萨——找错了人。

抓住张飞当李逵打——认错了人。

秦琼拜干爹——认错了人。

速记：抓住张飞当秦琼——认错了人

猪八戒投胎——走错了门。

和尚庙里借梳子——走错了门。

城隍庙里拜观音——走错了门。

火神庙求雨——走错了门。

速记：猪八戒和尚城隍庙求雨——走错了门

牛身上的蚂蚁——不显眼。

瞎子打瞌睡——不显眼。

芝麻掉进杏筐里——不显眼。

速记：牛瞎子打芝麻——不显眼

■ 装

与"装"有关的词汇，我总结成一句话：装模装样装糊涂

装模作样

装样子（扩展：老样子、做样子）、装穷、装蒜、装疯、装面子。（简记：穷蒜疯老做面）

装糊涂（扩展：糊涂虫、糊涂到顶、糊里糊涂、一塌糊涂、尽办糊涂事、明白人办糊涂事）。

大眼装闲有没无

诸葛亮吊丧——装模作样。
戏台上的演员——装模作样。
王瞎子看告示——装模作样。
速记：诸葛亮演王瞎子——装模作样

周瑜打黄盖——装样子。
翻砂工干活——装样子。
瓜田里的草人——装样子。
盲人看三国——装样子。
速记：周瑜翻瓜看三国——装样子

姑娘穿她奶奶的鞋——老样子。
孙女给奶奶做鞋——老样子。
舅奶奶的花鞋——老样子。
速记：姑娘孙女舅奶奶——老样子

聋子听书——做样子。
唱戏的喝酒——做样子。
速记：聋子听书喝酒——做样子

玉皇大帝吃稀饭——装穷。
财神爷要饭——装穷。
端金碗讨饭——装穷。
速记：玉爷端金碗讨饭——装穷

水仙不开花——装蒜。
葱头不开花——装蒜。
速记：水仙葱头不开花——装蒜

歇后语快速记忆法

苍蝇飞到花园里——装疯（蜂）。
半天云里挂口袋——装疯（蜂）。
速记：苍蝇半天云里挂口袋——装疯（蜂）

穿袜子没底——装面子。
红纸裱灯笼——装面子。
速记：穿袜子裱灯笼——装面子

和尚戴个道士帽——装糊涂。
揣着明白——装糊涂。
饭盒里盛稀饭——装糊涂。
口袋里盛米汤——装糊涂。
速记：和尚揣着饭盒口袋——装糊涂

灰堆里的蟑螂——糊涂虫。
苍蝇落在米汤里——糊涂虫。
速记：灰堆里的苍蝇——糊涂虫

秃子脑袋扣糨糊——糊涂到顶。
戴着帽子找帽子——糊涂到顶。
速记：秃子脑袋扣帽子——糊涂到顶

小米煮红薯——糊里糊涂。
米汤煮芋头——糊里糊涂。
稀饭拌糨糊——糊里糊涂。
速记：小米汤稀饭——糊里糊涂

豆腐脑摔地上——一塌糊涂。

屁股坐在鸡蛋上——一塌糊涂。

西瓜皮揩屁股——一塌糊涂。

稀饭铺路——一塌糊涂。

速记：豆屁西饭——一塌糊涂

鲁肃上了孔明船——尽办糊涂事。

舀米汤洗澡——尽办糊涂事。

七斤面粉调了三斤糨糊——尽办糊涂事。

速记：鲁肃舀糨糊——尽办糊涂事

孔夫子喝卤水——明白人办糊涂事

秀才跳井——明白人办糊涂事

速记：孔秀才跳井——明白人办糊涂事

331

■ 闲

与"闲"字有关的词汇及一些扩展词汇，我总结成一句话：

此时闲明扫怪逼

彼此彼此、顾此失彼、时来运转、闲着也是闲着、明吃亏（扩展：明摆着）、扫兴、怪事、逼的、逼出来的。

大眼装闲有没无

一个锅里吃饭——彼此彼此。
大哥不说二哥——彼此彼此。
半斤对八两——彼此彼此。
乌龟笑兔子尾巴短——彼此彼此。
速记：一大半乌龟——彼此彼此

猴子抱南瓜——顾此失彼。
按下葫芦起了瓢——顾此失彼。
扶起篱笆倒了墙——顾此失彼。
速记：猴子按下葫芦扶起篱笆——顾此失彼

刘备当皇叔——时来运转。
姜太公八十遇文王——时来运转。
速记：刘备姜太公——时来运转

下雨天打孩子——闲着也是闲着。
婊子招客——闲着也是闲着。
速记：下雨天婊子招客——闲着也是闲着

瞎子付了灯油钱——明吃亏。
睁着眼睛吃老鼠药——明吃亏。
出了灯油钱，坐在暗里头——明吃亏。
速记：瞎子睁着眼睛出了灯油钱——明吃亏

天安门的狮子——明摆着。
八仙桌上放盏灯——明摆着。
和尚头上的虱子——明摆着。
速记：天安门的八仙和尚——明摆着

333

歇后语 快速记忆法

八月十五云遮月——扫兴。
拜堂听见乌鸦叫——扫兴。
娶媳妇碰见送殡的——扫兴。
出门逢债主——扫兴。
速记：八拜媳妇逢债主——扫兴

煮熟的鸭子飞上天——怪事。
活人能叫尿憋死——怪事。
张天师被鬼迷——怪事。
螃蟹生鳞鱼生脚——怪事。
竹子上结南瓜——怪事。
乌鸦长白毛——怪事。
公鸡下蛋狗长角——怪事。
老和尚拜丈人——怪事。
大胡子吃奶——怪事。
灯草打烂锅——怪事。
速记：飞人张生竹子上结南瓜，乌鸡老大灯草打烂锅——怪事

梁山不是上的——逼的。
兔子咬人——逼的。
狗急跳墙——逼的。
鸭子上架——逼的。
速记：梁山兔狗鸭——逼的

曹植吟七步诗——逼出来的。
林冲上梁山——逼出来的。
速记：曹植上梁山——逼出来的

■ 有

与"有"有关的词汇,我总结成一句话:祸福各岂去借言

祸不单行、幸灾乐祸、有福不会享、各有所爱、各有所长、岂有此理、有去无回、有借无还、有言在先。

歇后语快速记忆法

屋漏偏遭连阴雨，船破又遇顶头风——祸不单行。
出了龙潭又入虎穴——祸不单行。
去了咳嗽添了喘——祸不单行。
躲过棒槌挨榔头——祸不单行。
拉痢打摆子——祸不单行。
黄鼠狼咬病鸡——祸不单行。
速记：屋漏出去躲打黄鼠狼——祸不单行

黄鹤楼上看翻船——幸灾乐祸。
看到失火唱山歌——幸灾乐祸
速记：黄鹤楼上唱山歌——幸灾乐祸

朝廷老爷拾大粪——有福不会享。
白米换糠——有福不会享。
扛着口袋牵着马——有福不会享。
坐轿闷得慌，骑马嫌摇晃——有福不会享。
速记：朝廷老爷白扛轿——有福不会享

豆腐白菜——各有所爱。
萝卜白菜——各有所爱。
老鳖找螃蟹——各有所爱。
速记：豆腐萝卜找螃蟹——各有所爱

跛子骑瞎马——各有所长。
杂技团的演员——各有所长。
长颈鹿的脖子，仙鹤的腿——各有所长。
大象的鼻子，孔雀的尾巴——各有所长。
速记：跛子演员长大——各有所长

老公公给儿媳妇拜年——岂有此理。
儿子打老子——岂有此理。
狗打石头人咬狗——岂有此理。
速记：老儿子打狗——岂有此理

豹子借猪狗借骨——有去无回。
高山滚石头——有去无回。
肉包子打狗——有去无回。
泥牛入海——有去无回。
速记：豹子高山滚肉泥——有去无回

刘备借荆州——有借无还。
老虎借猪狗借骨——有借无还。
诸葛亮草船借箭——有借无还。
速记：刘备借老诸——有借无还

豆腐干炒韭菜——有言在先。
腊肉汤里下面条——有言在先。
速记：豆腐干炒腊肉——有言在先

■ 没

与"没"有关的词汇，我总结成一句话：有指好完见得多

没有用、没有好下场、没指望（扩展：休想、莫想）、没好事、没完没了、没见过世面、没见过风浪、没得用、没得法、没多大油水。

蜻蜓点水鱼打花——没有用。
喝凉水拿筷子——没有用。
速记：蜻蜓喝凉水拿筷子——没有用

螳螂当车逞霸道——没有好下场。

三十晚上盼月亮——没指望。
铁公鸡下蛋——没指望。
寡妇死了独生儿——没指望。
速记：三十晚上铁寡妇——没指望

舌头舔鼻尖——休想。
九两纱织十匹布——休想。
与虎谋皮——休想。
速记：舌头舔布皮——休想

铁公鸡身上拔毛——莫想。
老鼠嘴里讨碎骨——莫想。
速记：铁老鼠嘴里讨碎骨——莫想

夜猫子报喜——没好事。
豺狼请兔子的客——没好事。
狐狸出洞——没好事。
速记：夜猫子豺狐狸——没好事

歇后语快速记忆法

曹操八十万兵马过独木桥——没完没了。
豆腐渣擦屁股——没完没了。
螃蟹吐唾沫——没完没了。
速记：曹操擦螃蟹——没完没了

深山里的麻雀——没见过世面。
井里的青蛙——没见过世面。
小庙的菩萨——没见过世面。
脚板底下长眼睛——没见过世面。
速记：深井小脚——没见过世面

深山里的麻雀——没见过风浪。
小河里的水手——没见过风浪。
池塘里的鱼——没见过风浪。
速记：深山小池塘——没见过风浪

秃子捡梳子——没得用。
背地里骂知县——没得用。
死人身上贴膏药——没得用。
速记：秃子骂死人——没得用

秃子的脑壳——没得法。
和尚摸头——没得法。
恨病吃药——没得法。
速记：秃和尚恨病吃药——没得法

老鼠尾巴熬汤——没多大油水。

蚊子腹内刳脂油——没多大油水。

鹭鸶腿上劈精肉——没多大油水。

速记：老蚊子劈精肉——没多大油水

■ 无

与"无"有关的词汇，我总结成一句话：施奈奇味可劳，挂路口无用

无计可施、无可奈何、无奇不有、淡而无味、可有可无、劳而无功、无牵无挂、走投无路、无从下口、无用、英雄无用武之地（扩展：摆设）。

孙悟空碰着如来佛——无计可施。
黄牛斗马蜂——无计可施。
速记：孙悟空斗马蜂——无计可施

天要下雨，娘要嫁人——无可奈何。
老天爷不下雨，当家的不说理——无可奈何。
狗熊见刺猬——无可奈何。
霸王别姬——无可奈何。
速记：下不下雨，狗熊见霸王——无可奈何

日出西山水倒流——无奇不有。
蜘蛛网吊死人——无奇不有。
速记：日出西山吊死人——无奇不有

白水煮豆腐——淡而无味。
白水煮白菜——淡而无味。
蒸馏水当茶喝——淡而无味。
速记：豆腐白菜当茶喝——淡而无味

夏天的袜子——可有可无。
饭后的粑粑——可有可无。
白脸蛋上打粉——可有可无。
速记：夏天饭后打粉——可有可无

343

歇后语 快速记忆法

诸葛亮六出祁山——劳而无功。
耗子搬生姜——劳而无功。
巴掌打空气——劳而无功。
速记：诸葛亮搬打——劳而无功

鲁智深出家——无牵无挂。
光棍汉子出家门——无牵无挂。
单身汉跑江湖——无牵无挂。
速记：鲁智深光单身——无牵无挂

汽车撞墙——走投无路。
船头上跑马——走投无路。
崇祯皇帝上吊——走投无路。
速记：汽船上吊——走投无路

猴子抱着板栗球——无从下口。
老鼠咬乌龟——无从下口。
大象吃蚊子——无从下口。
黄鼠狼咬刺猬——无从下口。
蛤蟆吞西瓜——无从下口。
速记：猴老大刺蛤蟆——无从下口

冬天的扇子——无用。
夏天的烘笼——无用。
宋江的军师——无用。
和尚买梳子——无用。
隔靴搔痒——无用。
速记：冬夏宋和尚隔靴搔痒——无用

武松打兔子——英雄无用武之地。

林冲看守草料场——英雄无用武之地。

黄鹤楼上的赵子龙——英雄无用武之地。

诸葛亮掉井里——英雄无用武之地。

速记：武林楼上的诸葛亮——英雄无用武之地

聋子的耳朵——摆设。

瞎子戴手表——摆设。

绣房里的花枕头——摆设。

喝茶拿筷子——摆设。

速记：聋瞎子绣房里喝茶——摆设